Cuxhaven
und Umgebung

EDITION TEMMEN

Die Deutsche Bibliothek – CIP-Einheitsaufnahme
Schröter, Jan: Cuxhaven und Umgebung :
ein illustriertes Reisehandbuch / von Jan Schröter. –
Bremen : Ed. Temmen, 2000
ISBN 3-86108-489-9

Bildnachweis:

Titelabbildung: Bernd Schlüsselburg
Jan Brütt: 77; Wendula Dahle/Wolfgang Leyerer: 114, 115, 117, 118;
Deutsches Schiffahrtsmuseum Bremerhaven: 124;
Sigrid Kiedel: 123, 126; Torsten Krüger: 13, 28/29, 120/121;
Kurverwaltung Bad Bederkesa: 129, 130/131; Kurverwaltung Helgoland:
100/101; Katharina Marut-Schröter: 45, 50; NORDSEE-Archiv: 44, 60;
Willi Rolfes: 8/9, 111, 113 ; H. Rundspaden: 61;
Stadtarchiv Cuxhaven: 38, 39, 41, 43, 48, 54/55, 57, 72;
Thorsten Taubhorn: 27; Verlagsarchiv: 7, 15, 19, 32, 37, 59, 98/99, 108;
Vermessungsamt Hamburg: 34/35;
alle übrigen Fotos: **Bernd Schlüsselburg**

Kartographie: Elsner & Schichor, Büro für Karten und Grafik, Karlsruhe

Dieses illustrierte Reisehandbuch wurde nach bestem Wissen zusammengestellt.
Im Sinne des Produkthaftungsgesetzes weisen Autoren und Verlag darauf hin,
daß inhaltliche Fehler und Änderungen nach Drucklegung dennoch nicht
auszuschließen sind. Aus diesem Grund übernehmen Verlag und Autoren keine
Verantwortung und Haftung, alle Angaben erfolgen ohne Gewähr. Änderungs-
und Verbesserungsvorschläge seitens der Leser nimmt der Verlag gerne entgegen.

© 2000 Edition Temmen
Hohenlohestr. 21 – 28209 Bremen
Tel. 0421-34843-0 – Fax 0421-348094

Herstellung: Edition Temmen
ISBN 3-86108-489-9

Cuxhaven
und Umgebung

Ein illustriertes Reisehandbuch
von Jan Schröter

EDITION TEMMEN

Land & Meer

Geschichte

Sightseeing

Ausflüge
in die Umgebung

Wanderungen

Inselhopping

Ausflüge ins Elbe-Weser-Dreieck

Cuxhaven –
Niedersachens Nordseenase

Auf einem exponierten Landzipfel zwischen Elb- und Wesermündung liegt Cuxhaven. »Letzte Ecke vor Amerika« nannten die Auswanderer auf den HAPAG-Dampfern den Platz vor dem Döser Deich, den das Stadtwahrzeichen, die Kugelbake, markiert.

Das viele Wasser ringsum ist schon Attraktion an sich. Weit über drei Millionen Übernachtungen von Ferien- und Kurgästen zählt man jährlich in Cuxhaven – mehr werden anderswo nicht einmal in ganzen Bundesländern registriert.

Doch auch Besucherzahlen in dieser Größenordnung verkraftet die Stadt gut. Zehn Kilometer ausgewiesener Badestrand bieten reichlich Platz, die Ferienzentren sind über alle Kurteile verteilt, Hochhäuser bilden die Ausnahme, der Betrieb ist souverän organisiert. Man blickt schließlich nicht umsonst auf eine über 180 Jahre währende Tradition als Seebad zurück.

Als Stadt ist Cuxhaven lange nicht so alt. Viele Stadtteile sind eigentlich kleine Dörfer, die erst nach und nach eingemeindet wurden. Nicht zuletzt darin liegt ein ganz eigener Reiz: Man bewegt sich innerhalb der Stadtgrenzen und doch in völlig unterschiedlicher Umgebung zwischen Deich, Marsch und Heide, urbaner Architektur und uralten Bauerndörfern. Der Begriff »Stadt« wird der Vielfalt dieser Region bei weitem nicht gerecht, so daß die vom hiesigen Tourismus-Management geprägte Bezeichnung **Cuxland** tatsächlich keine hohle Formulierung ist, denn genau das ist Cuxhaven – ein ganzer Landstrich, der zu Entdeckungen einlädt.

Land & Meer

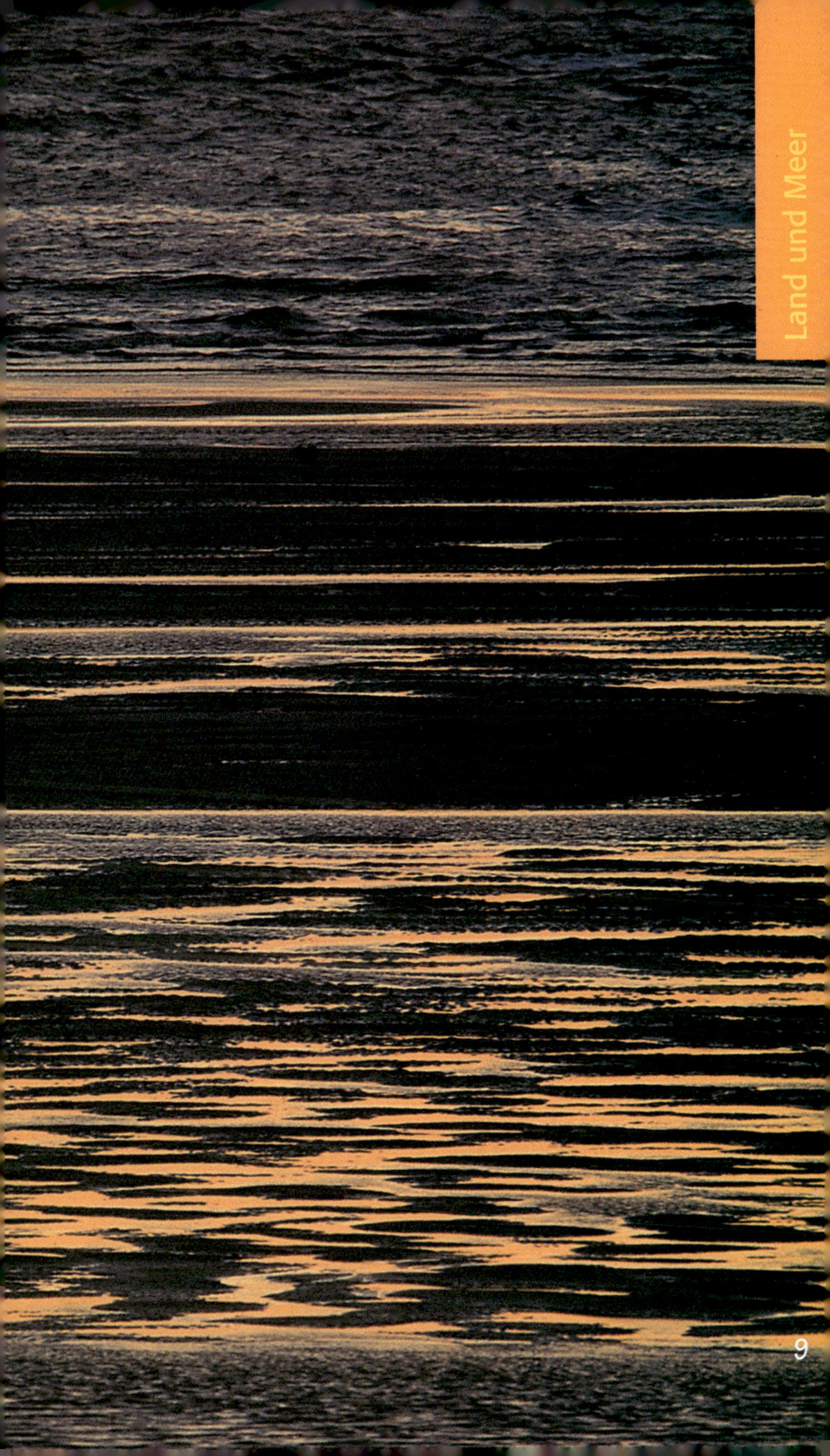

Das Watt – Landschaft zwischen Himmel und Meer

Das kann dem unkundigen Binnenländer beim ersten Besuch der Nordseeküste schon mal passieren: Mit dem Schwimmzeug bereits am Körper und der Vorfreude auf ein kühles Bad im Herzen den Deich erklimmen, das Meeresrauschen schon im Ohr – um dann auf der Deichkrone regungslos zu verharren angesichts einer sich kilometerweit erstreckenden grau-braunen Fläche aus Sand und Schlick.

Dabei ist eine Wattwanderung nicht weniger erholsam als ein Bad und obendrein interessant. Denn was von weitem wie Ödland aussieht, ist ein **dichtbesiedelter Lebensraum**. Einsam ist man hier garantiert nicht: Pro Quadratmeter Wattboden zählten Wissenschaftler bis zu 40.000 Schlickkrebse, 270.000 Wattschnecken oder 10.000 Pfeffermuscheln. Für diese und andere **Kleinlebewesen** bietet das Watt mit seiner zweimal täglich tidenbedingten Frischwasserspülung ein ideales Umfeld.

Pflanzen und Kleinlebewesen machen wiederum aus dem Watt ein Paradies für viele Vogel- und Fischarten. Nicht wenige davon können überhaupt nur in diesem komplexen Gebiet, zu dem auch Priele, Dünen, Strand und Salzwiesen gehören, überleben.

Die Erklärung des Wattenraums zum **Nationalpark** ist also durchaus sinnvoll. **Naturschutz** kann natürlich nur funktionieren, wenn sich alle daran halten. Für die **Ruhezonen** gilt generelles Betretungsverbot, ausgenommen sind speziell ausgewiesene Wege und Flächen. Sportschiffer werden gebeten, in diesem Gebiet ihr Boot nicht trockenfallen zu lassen, um die nächste Flut abzuwarten. Um die hier lebenden Tiere nicht zu beunruhigen, dürfen sie weder aufgesucht noch gefilmt oder fotografiert werden.

Als **Zwischenzone** gilt das Deichvorland zwischen der Hochwasser-

linie und dem Deichfuß. Sie darf während der Brutzeit (1. April bis 31. Juli) ebenfalls nur auf gekennzeichneten Wegen betreten werden. Die zugelassenen Wege in beiden Zonen sind durch **farbige Pfähle** markiert:

Grün = Wanderweg
Rot = Reitweg

Aber: Auch auf den markierten Wegen sollte man Vogelansammlungen nicht näher kommen als 500 Meter. Derselbe **Sicherheitsabstand** gilt für Seehunde.

Wattwandern

Wattwandern macht Spaß. Die gute Luft, die interessanten Tiere, der fußfreundliche Boden – gerade an strahlenden Sommertagen vergißt

man leicht die Gefahren, die einen allzu sorglosen Wanderer hier bedrohen. Ein paar **Regeln** sollte man bei einer Tour im Watt schon beachten:

1. Bei **Wetterumschwüngen** gilt es, schnellstens an Land zu gelangen. Im Gewitter ist das Risiko eines Blitzschlags für einen im flachen Watt stehenden Menschen nicht unerheblich. Und Nebel bedeutet das Ende jeglicher Orientierung. Hilfreich ist eventuell der Versuch, sich am Festland einen Orientierungspunkt zu suchen und zu merken, solange es noch möglich ist. Am sichersten ist es jedoch, wenn man sich von vornherein ausschließlich an die mit regelmäßig gesteckten **Reisigruten** (Pricken) markierten Wege im Watt hält.

2. Wird am Signalmast ein **roter Ballon** aufgezogen, ist das Watt ebenfalls sofort zu verlassen.

3. Auch wenn der weite Horizont lockt: **Gehen Sie nicht allein.** Im Fall der Fälle gibt es sonst niemanden, der Hilfe holen kann. Schon ein an einer Muschelschale verletzter Fuß kann die Ursache dafür sein, daß eine sonst in kurzer Zeit problemlos bewältigte Entfernung eben nicht in kurzer Zeit bewältigt wird. Aber: Die Flut kommt garantiert pünktlich.

11

4 Wird man trotz allem **vom auflaufenden Wasser überrascht**, gilt es die Nerven zu bewahren. Meiden Sie die Nähe von Prielen, auch wenn das einen Umweg bedeuten sollte. Die Priele laufen zuerst voll, Tiefe und Strömung sind schwer einzuschätzen. Halten Sie Ausschau nach einer **Rettungsbake** (stählerner Korb auf einem langen Rohr; steht u.a. auf halbem Weg zwischen Neuwerk und Sahlenburg). Auf der Plattform befinden sich Signalraketen, mit denen Sie sich bemerkbar machen können.

Die **Niedrigwasser-Zeiten** sind Tidenkalendern oder Informationsblättern (bei den Verkehrsvereinen erhältlich) zu entnehmen. Die beste – weil risikoloseste – Zeit für eine Wattwanderung beginnt jeweils zweieinhalb Stunden vor Niedrigwasser und endet bei Niedrigwasser. **Achtung:** Ein nicht selten begangener Irrtum ist es, die Wanderung bei Niedrigwasser zu beginnen, zu dem Zeitpunkt also, da die Ebbe ihren niedrigsten Stand erreicht hat. Schon unmittelbar danach setzt die Flut ein. Wer bei Niedrigwasser eine Wattwanderung startet, läuft der Flut entgegen!

Keine Sorgen um seine Sicherheit braucht sich der Gast zu machen, der sich einer der zahlreichen **geführten Wattwanderungen** anschließt. Die Auswahl ist groß: naturkundliche Führungen, für Kinder besonders reizvolle Wattwanderungen mit Muschelsuche oder sportliche Zehn-Kilometer-Wanderungen bis zur Wattkante. Zwischen Juni und September wird sogar ein 3½stündiger »Watt-Survival-Kurs« mit Absolventen-Zertifikat angeboten (ab 16 Jahren), dessen Teilnehmer nach Kompaß laufen, wandern und schwimmen.

Informationen:

- Nationalpark-Zentrum Cuxhaven-Sahlenburg, Hans-Claußen-Str. 19, Tel. 04721/28681.
- Über Wattführungen und Termine informieren die Verkehrsvereine bzw. die Nordseeheilbad Cuxhaven GmbH, Cuxhavener Str. 92, Tel. 04721/4040.
- Gruppenführungen: Horst Grimm, Hermann-Boßdorf-Str. 5, Tel. 04721/36305.

Ebbe und Flut

Die Gezeiten unterliegen dem Einfluß des Mondes auf die Weltmeere. Die Anziehungskraft des Mondes bewirkt auf der ihm zugewandten Erdseite einen **Flutberg**, dem ein durch Rotationskraft verursachtes Pendant auf der entgegengesetzten Erdhälfte gegenübersteht. Zwischen den beiden Flutbergen bilden sich zwei **Ebbetäler** aus. Dem Mond folgend wandern Flut und Ebbe um die Erdkugel und wiederholen sich in der Zeit eines halben Mondumlaufs – exakt alle 12 Stunden, 25 Minuten und 14 Sekunden.

Die Konstellation der Sonne zu Erde und Mond beeinflußt die

➤ *Bei ablaufendem Wasser im Watt*

Höhe der Tide. Liegen bei Neu- und Vollmond Erde, Sonne und Mond auf einer Achse, addieren sich ihre Anziehungskräfte. Die Folge ist eine **Springtide** mit höherem Hochwasser und niedrigerem Niedrigwasser. Stehen Erde, Sonne und Mond dagegen rechtwinklig zueinander, wie es bei Halbmond der Fall ist, heben sich die Anziehungs- und Fliehkräfte teilweise auf. Es kommt zu einer sogenannten **Nipptide**, bei der das Hochwasser niedriger als normal ausfällt und das Niedrigwasser weniger stark zurückweicht. Als **Mitteltide** bezeichnet man den Wert zwischen diesen beiden Extremen. Erreicht der Flutberg des Atlantischen Ozeans die Nordsee, rollt er als Welle auf die Küste zu. Durch den Aufstau vor der Küste erhöht sich noch die Differenz zwischen Flutberg und Ebbetal. Diese Differenz, **Tidenhub** genannt, beträgt vor Cuxhaven im Mittel 2,90 Meter.

Nicht nur die Planetenkonstellation beeinflußt den Tidenhub, auch das **Wetter** spielt eine gewichtige Rolle. Starke ablandige Winde treiben ablaufendes Wasser weiter hinaus und hindern die Flut am schnellen Auflaufen, das Watt bleibt länger trocken. Bei kräftigem Seewind passiert das Gegenteil: Das Wasser läuft bei Ebbe nicht so weit ab – unter Umständen kann so eine Konstellation eine geplante Wattwagenfahrt oder -wanderung zunichte machen.

Dramatisch wird es, wenn sich die Kräfte von Flutwelle und dauerhaft orkanstarkem Seewind vereinen. Dann beginnt das große Kräftemessen zwischen Sturmflut und Deichen.

13

»Gott bewahre Damm und Dieken ...«

von Melanie Dubbels

»Gott schuf das Meer, und der Friese die Deiche.« Dieser trotzig-selbstbewußte Spruch wirft ein Schlaglicht auf den jahrhundertealten Kampf gegen Sturmfluten und Überschwemmungen. Alle Nutznießer der Deichanlagen mußten schon immer auch für den Erhalt der Deiche arbeiten. Die Dorfgemeinschaft hatte selbst für den Unterhalt der Anlage zu sorgen, und so entstand das **Spatenrecht**: Jedes Dorfmitglied, das im Besitz von Land war, mußte für den Deich sorgen. Wer die Last nicht auf sich nehmen wollte, verlor seinen Besitz, und wer freiwillig aufgab, stieß seinen Spaten in den Boden. Derjenige, der ihn dann aus der Erde zog, übernahm das Land, den Besitz und die Pflicht, für den Deich zu sorgen.

Der **Deich** hat eine typische Form und ist nicht nur ein aufgeschütteter Hügel. Anfänglich wurde er wie eine senkrechte Mauer zum Meer hin gebaut, doch solche Mauern ließen die Flut nur noch heftiger auflaufen. In **Holland** entwickelten Deichbauer die noch heute übliche Form des Deiches: Der Außendeich steigt sehr flach an, so daß die Wellen sich »totlaufen«.

Der **blanke Hans** ist der Räuber, der Heu und Vieh vom Vorland schwemmt und die Sagengestalt, die in Form von Sturmfluten die Deiche angreift, um sie zu zerstören. In Nordfriesland wird er auch Rasmus genannt, gemeint ist aber die Nordsee allgemein, denn »blank« bedeutet nichts anderes als »unter Wasser stehend«.

Der blanke Hans ist seit jeher der böse Nachbar, der den Menschen keinen Frieden läßt. Wie einen mürrischen, schlechtgelaunten Greis, den bei schlechtem Wetter seine Zipperlein plagen, überkommt es auch den blanken Hans von Zeit zu Zeit: Dann läßt er seine Wut an den Küstenbewohnern aus. Doch die lassen sich nicht unterkriegen: In 1082 km Länge zieht sich das System von **Haupt- und Nebendeichen** an den Küsten von Niedersachsen, Bremen, Hamburg und Schleswig-Holstein entlang.

Um das **Jahr 1000** wurden in Nordfriesland die ersten Deiche gebaut. Durch Entwässerungsarbeiten und natürliche Setzungsvorgänge kam es jedoch dazu, daß sich das Land bis unterhalb des mittleren Tidehochwassers absenkte, so daß im 14. Jahrhundert die zu erwartende Katastrophe hereinbrach. Schwere **Sturmfluten** zerschlugen die Deichlinie. Das Kulturland zwischen Sylt und Eiderstedt ging mit einem Schlag unter und wurde zum Wattenmeer.

Im 14. Jahrhundert setzten die natürlichen Sedimentations- und Verlandungsvorgänge ein, die von den Küstenbewohnern ausgenutzt wurden. Es wurde ein System der **Land-**

➤ Ausschnitt aus einer topographischen Karte des 17. Jahrhunderts

gewinnung entwickelt, bei dem auf einer Watt- oder Anwachsfläche (Landgewinnungsfeld) ein System von **dammartigem Buschbauwerk** (Lahnungen/Buhnen) aufgestellt und flache Gräben (Grüppe) zur Regelung des Wasserhaushaltes und zur Beschleunigung der Auflandung ausgehoben werden. Mit Hilfe der von der Flut immer wieder angeschwemmten **Ablagerungen** wird nach und nach Land gewonnen. Auch der Deichbau hat sich seither verbessert.

Die **Stackdeiche**, wie sie noch bis Ende des 17. Jahrhundert gebaut wurden, sind inzwischen zu imposanten Profilen herangewachsen. Heute gleicht kaum ein Deich dem anderen. Meistens bedarf es bei den Deichbauvorhaben verschiedener Detailpläne, und sogar innerhalb desselben Projektes sind unterschiedliche Bauweisen nötig. Bauabweichungen können in Größe, Steigung, Fundament oder im Baumaterial vorkommen, so daß es auch Deiche aus Beton, Kleie oder Sand gibt. Heute gelten die Deiche als sturmflutsicher, aber schließlich galt auch die Titanic als unsinkbar ...

15

Die »Cux-Kur«

Als Seebad hat Cuxhaven seit Amtmann Abendroths Zeiten zu Beginn des 19. Jahrhunderts Tradition – Klima und Umgebung waren hier eben schon immer gesund. Viele Gäste verbinden deshalb ihren Aufenthalt mit einer **offenen Badekur**, was auch der Grund dafür ist, daß der Strom der Cuxhaven-Besucher selbst im Winter nie ganz abreißt.

Gesund ist vor allem die salz- und jodhaltige Seeluft, die annähernd unbelastet von Abgasen jeglicher Art und fast ständig von Wind bewegt ist. Das saubere Meerwasser und die durch die Weite des Horizonts intensiv nutzbare UV-Strahlung sind weitere gesundheitsfördernde Faktoren.

Hilfreich ist die »Cux-Kur« bei:

- Erkrankungen der Atemwege, wie chronische Entzündungen von Nase, Rachen, Mandeln, Nasennebenhöhlen, Mittelohr, Kehlkopf, Luftröhre und Bronchien
- Allergien, wie Heuschnupfen
- Erkrankungen des Stütz- und Bewegungsapparates
- rheumatischen und degenerativen Erkrankungen von Gelenken, Muskeln und Bändern, Verspannungen, Bandscheibenschäden, Haltungsschwächen, Lähmungen, Bewegungsrehabilitation nach Gelenkoperationen
- Hautkrankheiten, wie Neurodermitis, Schuppenflechte, Akne oder anlagemäßig bedingte entzündliche Hautreaktionen
- gynäkologischen Beschwerden, wie chronische Entzündungen, Verwachsungsbeschwerden, Menstruationsbeschwerden, Beschwerden während der Wechseljahre
- Kreislaufstörungen, wie Durchblutungsstörungen oder Beschwerden bei zu niedrigem Blutdruck
- Rehabilitationsbedürftigkeit nach schweren Erkrankungen und/oder Operationen, bei Erschöpfungszuständen oder psychosomatischen Beschwerden

> Im Kurpark Cuxhaven-Döse

terbringung lediglich bei 15.– DM. Ein wenig muß man also schon dazuzahlen.

Erst nach Buchung der Unterkunft (Vermittlung durch die Verkehrsvereine, siehe auch »Adressen«) erfolgt die Anreise. Die Kur selbst beginnt immer mit dem Besuch bei einem der zugelassenen **Badeärzte**. Um Wartezeiten vor Ort zu vermeiden, ist es günstig, schon einige Tage vor der Reise einen Termin zu vereinbaren. Mit der badeärztlichen Verordnung begibt man sich zum Empfangssekretariat des **Kurzentrums Duhnen,** wo die Termine der diversen Anwendungen festgelegt werden – die »Cux-Kur« kann beginnen.

Informationen:

♦ **Kurzentrum Duhnen**
Wehrbergsweg 32 (im Haus des »ahoi!«-Erlebnisbades), 27476 Cuxhaven-Duhnen, Tel. 04721/ 42020.

Um eine sogenannte »offene«, also nicht mit einem Klinikaufenthalt verbundene Badekur vorzunehmen und den größten Teil der damit verbundenen Kosten von der Krankenkasse erstattet zu bekommen, muß die Notwendigkeit dieser Maßnahme von einem Arzt bestätigt werden. Nach der Verschreibung holt man die **Genehmigung der Krankenkasse** ein und bucht im Falle der Bestätigung selbstständig in freier Wahl eine Unterkunft am gewählten Kurort.

Während die Kasse meist ca. 90% der Kur- und Behandlungskosten trägt, liegt der tägliche **Zuschußbetrag** für Reisespesen und Un-

»Abwarten und Teetrinken ...«

von Wendula Dahle

Es ist gerade 200 Jahre her, da regten sich die Niederdeutschen mächtig auf und konnten sich gerade nicht mehr bei einer Tasse Tee beruhigen: 1777 verbot der Preußenkönig das Teetrinken. Fürchtete er um die Tauglichkeit der Untertanen auf Grund des Coffeingehaltes und der ätherischen Öle, was den Tee zu einem **Genußmittel** werden ließ? Oder war es nicht vielleicht eher der Einfluß der Bierbrauer, die das Verbot aus Konkurrenzgründen durchzusetzen versuchten? Der Streit dauerte zwei Jahre. Die Begründung für die Aufhebung des Verbots geschah keinesfalls, um den Bewohnern im Norden ihren Genuß zu erhalten, sondern aus nationalistischen Gründen. Die Oldenburger Landesherren vermeldeten: »Der Gebrauch des Thees ist hierzulande schon zu tief eingewurzelt und gehört zu den wahren Bequemlichkeiten des Lebens; wollte man Knechten, Schiffsvolk und weiblichem Gesinde den Thee vorenthalten, würden sie gewiß in den Niederlanden Arbeit suchen.«

Es war und ist in der Tat ein Getränk der »niederen Stände«; in einer Dissertation der Bremer Uni wurde sogar die These vertreten, es sei Ausdruck der Auflehnung gegen die zahlreichen Feudalherren der Region gewesen, sich dem Teegenuß verbotenerweise hinzugeben. Die **holländischen Kolonialwarenhändler** saßen durch die Handelsbeziehungen der Ostindischen Kompanie nach Indonesien und China direkt an der Bezugsquelle und brachten 1660 die ersten 10 kg auf den Markt auch dieser Region, nachdem die Engländer schon 20 Jahre vorher ihr »National«getränk erfunden hatten. Den Ostfriesen mundete das Getränk ihrer niederländischen Nachbarn derartig, daß **»Ostfriesische Mischung«** inzwischen ein Markenzeichen geworden ist. Ihre Grundlage sind indische Assams mit Teeblättern aus Java und Darjeeling aus Ceylon. Der Siegeszug der ostfriesischen Mischung machte nicht am linken Weserufer halt, sondern eroberte, sich gegen den Bremer Kaffee behauptend, auch das weitere norddeutsche platte Land zwischen Weser und Elbe.

Wenn es hinter dem Deich stürmt, wenn die Abende lang und kalt sind, dann gehört der heiße Tee, der auf ein großes Stück Kandis gegossen wird, so daß es so recht gemütlich knistert, auch heute noch in jeder Stube zum

Wohlbefinden beim Klönsnack. Dazu wird der Tee mit einem Schuß Rum und etwas Sahne, die nicht verrührt wird, verfeinert. Böse Zungen behaupten, diese einmalige Mischung sei nur erfunden worden, um die schlechte Trinkwasserqualität im Marschland überhaupt genießbar zu machen. Das mag zwar sein, aber daraus ist eine wirkliche **Teezeremonie** geworden, so daß man in jeder Kneipe und jedem Landgasthaus wirklich einen guten, starken Tee bestellen kann.

Der richtige Tee sollte keinesfalls in Teebeuteln serviert werden. Nicht zufällig heißt der Wasserkessel in Norddeutschland »Teekessel«, er steht ständig auf dem Feuer, damit frisch aufgegossen werden kann. Die feine Porzellankanne muß vorgewärmt sein, ein gutes Restaurant serviert die Kanne auf einem **Stövchen**. Kanne und die kleinen, früher henkellosen Tässchen – Kopkes – sind aus geriefeltem, durchsichtigen **Prozellan** und mit kleinen Rosen verziert. Nicht nur die sächsischen Manufakturen lieferten dieses Geschirr, sondern auch eine Manufaktur im niedersächsischen Wunstorf. Auch heute gehört zu dem Teegenuß an der norddeutschen Küste ein feines Geschirr.

Statistiker haben berechnet, daß der Verbrauch an Tee im friesischen Bereich viermal höher ist als im übrigen Deutschland – und daß die Menschen hier im Durchschnitt älter werden. Ob aber der Tee bei dieser bloßen, aber schönen Relation wirklich die Ursache des längeren Lebens ist, gehört in den Bereich des Glaubens, erhöht aber den Genuß.

Daß Tee auch die **Gesundheit** fördert, war die feste Überzeugung von Heinrich Ast (1848–1921), der in der Lüneburger Heide nicht nur Schafe hütete, sondern auch als Heilpraktiker seinen Patienten Tee verabreichte. Dabei lautete sein viel zitierter Spruch, wenn die Patienten ungeduldig auf die heilende Wirkung warteten: »Tee trinken und abwarten!«, was der Volksmund umdrehte, um sich wieder einmal vertrösten zu lassen.

19

Strandleben

Über zehn Kilometer Badestrand hat Cuxhaven. Für viele Besucher spielt sich auf diesen zehn Kilometern der wesentlichste Teil ihres Urlaubs ab. Abwechslung wird reichlich geboten – schließlich ändert sich allein schon mit dem steten Wechsel von Ebbe und Flut das Strandpanorama. Die zehn Kilometer Badestrand sind auf **fünf Gebiete** verteilt:

Altenbruch – Grünstrand
Grimmershörnbucht – Grünstrand
Döse – Sandstrand
Duhnen – Sandstrand
Sahlenburg – Sand-/Grünstrand

Die **Wasserqualität** unterliegt in allen Bereichen regelmäßiger Prüfung. Die Gewässer vor den Cuxhavener Stränden gelten als sehr sauber, was auch an dem permanenten tidenbedingten Wasseraustausch und der Filterfunktion des Watts liegt.
Die bepflanzten Küstendünen hinter den Sandstränden gehören übrigens nicht zu dem Bereich, der für das Badeleben genutzt werden kann. Die **Dünen** sind Teil des Küstenschutzes.

Strand-Expreß
Wer vielleicht einmal kurzfristig den Strand wechseln oder sich einen Überblick verschaffen will, kann in den **Jan-Cux-Expreß** oder in die **Cuxi-Bahn** steigen. Es sind kleine Karren mit angehängten Wägelchen im Eisenbahn-Design, die an der Strandlinie zwischen Duhnen und der Alten Liebe verkehren.
Für den Abschnitt FKK-Strand/ Duhnen bis zur Kugelbake ist der »Jan-Cux-Expreß« zuständig, ab der Kugelbake übernimmt die »Cuxi-Bahn« die Strecke über Grimmershörn, Yacht- und Fährhafen bis zur Alten Liebe. Tickets für die Gesamt- oder eine Teilstrecke verkauft der Fahrer. Fahrpläne hängen an den Haltestellen und sind auch in der bei der Kurverwaltung erhältlichen Broschüre »Cux-Tips« enthalten.

Beach-Volleyball

Sonne, feiner Sand und das Wasser zum Abkühlen gleich nebenan – Beach-Volleyball, die Strandvariante dieser Sportart, hat in den letzten Jahren zunehmend mehr Anhänger gefunden. Leider ist, besonders im Hochsommer, nicht an jedem Strand der Platz so großzügig bemessen, daß ein Spiel ohne vehementen Eingriff in die Strandidylle anderer Gäste durchzuführen ist.

In **Duhnen** sind daher vom 1. Juni bis Ende August auf der Strecke zwischen dem Freibad Steinmarne und dem Haus der Kurverwaltung drei Spielfelder zur freien Benutzung fest installiert. Jeweils Ende Juni findet hier ein **Beach-Volleyball-Turnier** statt, bei dem echte Könner die hohe Schule dieses Sports demonstrieren.

Drachensteigen

Einen Drachen steigen lassen – das geht nirgendwo besser als direkt an der Küste, wo eine stete Brise den oft phantasievoll gestalteten Flugobjekten den nötigen Aufwind garantiert. Mit Lenkdrachen lassen sich hier die tollsten Manöver ausprobieren. Leider hat sich dieses Vergnügen als nicht ganz ungefährlich erwiesen. Unfälle, verursacht durch unsachgemäß gebaute oder außer Kontrolle geratene Drachen, haben dazu geführt, daß dieser Sport in Cuxhaven während der Zeit vom 1. März bis zum 31. Oktober nur an **bestimmten Stränden** gestattet ist, nämlich:

Kurteil Altenbruch – Bereich des »Hundestrandes«

Kurteil Döse – Wiese Freibad Steinmarne/Strandgaststätte Behrens

Kurteil Duhnen – Bereich »Surferstrand Steinmarne«
Kurteil Grimmershörn – Wiese zwischen der Alten Liebe und Seglerhafen
Kurteil Sahlenburg – Wiese neben der Zufahrt zum »Hundestrand« am Marineturm

Auch außerhalb der Sperrzeit wird selbstverständlich um Rücksichtnahme gegenüber Menschen und Tieren gebeten.
Für die Drachenfreunde hat die Ausweisung fester Plätze ebenfalls Vorteile, trifft man hier doch immer jemanden zum Fachsimpeln. Drachen-Saisonhöhepunkt ist das **Internationale Drachenfestival** in Altenbruch im August (siehe auch »Altenbruch«).

Windsurfen

Cuxhavens Küste zählt nicht zu den klassischen Windsurf-Revieren. Trotzdem ist Windsurfen möglich. Das Gebiet am Sahlenburger Strand (großer Parkplatz ist vorhanden) eignet sich durchaus auch für Anfänger. Als etwas weniger ideales, aber ebenfalls geeignetes Ausweichrevier gilt der Strand vor dem Freibad Steinmarne.
Andere Gebiete sind nicht zu empfehlen. Vor allem vor dem Befahren der Grimmershörn-Bucht muß **gewarnt** werden. Die hier vorhandene starke Strömung zieht Surfer und Brett derart unwiderstehlich in Richtung offenes Meer, daß die Rückkehr zum Ufer aus eigener Kraft oft unmöglich ist.

Strandgymnastik

Wesentlich risikoloser und trotzdem sportlich-gesund ist die Teilnahme an der Strandgymnastik. Zwischen Juni und September wird in den Kurteilen Döse, Duhnen, Grimmershörn und Sahlenburg am Vormittag eines jeden Werktages ein **Fitneßprogramm** kostenlos angeboten. Zeiten und Orte der Veranstaltungen sind den »Cux-Tips« zu entnehmen (erhältlich bei der Kurverwaltung).

Mit Kindern am Strand

Wasser, Watt und Strand sind für Kinder – und nicht nur für sie – große Attraktionen. Während die Eltern dösend die Ruhe im Strandkorb genießen, buddeln sich die Kleinen durch den Sand, ziehen muschelsuchend durchs Watt oder schließen Freundschaft mit Altersgenossen. Da kann sie der Spieleifer schon einmal so weit von der elterlichen Basis fortreißen, daß der Rückweg zum Problem wird – Strandkörbe sehen schließlich alle gleich hübsch gelb aus.
Um derartigen Familiendramen vorzubeugen, hat man den Sandstrand der Cuxhavener Kurgebiete in numerierte und mit bunten Symbolen versehene **Abschnitte** gegliedert. Selbst kleine Kinder können sich diese Symbole gut merken und so ins »Nest« zurückfinden. Um ganz sicherzugehen, kann man in den **Schwimmeisterstationen** kostenlos Erkennungsarmbändchen für Kleinkinder bekommen, welche die Suche nach den vermißten Eltern erleichtern helfen. Hier sollte

auch Meldung erstattet werden, falls doch einmal ein Kind abhanden kommt.

In vielen Kurteilen werden im Sommer vormittags pädagogisch betreute **Kinderprogramme** durchgeführt, die man an Schlechtwettertagen in geeignete Räumlichkeiten verlegt. Termine und Veranstaltungsorte sind in den »Cux-Tips« angegeben (erhältlich bei der Kurverwaltung).

- **Strandnahe Spielplätze:** Altenbruch (Deich), Döse (Kurpark), Duhnen (Schwimmeisterstation), Sahlenburg (Wernerwald)
- **Wickelräume:** DRK-Station im Strandhaus Döse, Öffentliches WC im Haus der Kurverwaltung (Duhnen), Öffentliches WC am Dünenweg (Duhnen), Öffentliches WC am Marineturm (Sahlenburg)

Hundestrände

Die Cuxhavener Strände sind bemerkenswert sauber. Damit dieser Zustand nicht »vor die Hunde geht«, wurden spezielle Hundestrände ausgewiesen:

Kurteil Altenbruch – beim Bojenbad östlich der Schwimmeisterstation

Kurteil Grimmershörn – zwischen Fährhafen und Alter Liebe

Kurteil Sahlenburg – Großparkplatz am Marineturm

Alle anderen Strände sind für Hunde »off limit«. Lediglich auf der Strecke zwischen Fährhafen und Kugelbake dürfen sie Ihre Besitzer angeleint begleiten, die jedoch darum gebeten werden, eventuell abgesetzte »Tretminen« zu entfernen.

Ein kleines Stück Badegeschichte

von Jürgen Schulz

Er ist uns heute unentbehrlich, der Strandkorb, der in bunten Farben unsere Küsten ziert. **Strandkörbe** sind kleine Fluchtburgen für die Sonnenanbeter vor den aggressiven Strahlen der Sonne, man kuschelt sich genußvoll in den Schatten, nutzt ihn kunstvoll verhängt mit Badetüchern als Miniatur-Umkleidekabine oder benötigt ihn als erhöhte Aussichtstribüne auf das, was mehr oder weniger verlockend durch den Sand promeniert.

In früheren Jahren baute man als zusätzlichen Hinweis auf Besitzansprüche noch eine **Strandburg** um die geflochtene Behausung, verzierte sie mit Schriftzügen aus Hölz-

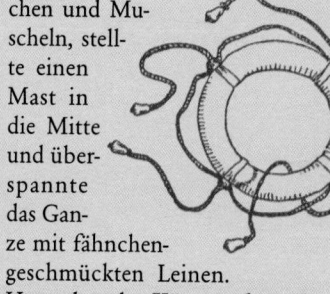

chen und Muscheln, stellte einen Mast in die Mitte und überspannte das Ganze mit fähnchengeschmückten Leinen.

Heute hat der **Küstenschutz** berechtigte Einwände gegen Strandburgen, und zum Aufbau des Fähnchenmastes sind wir zu bequem. Aber so selbstverständlich ist der Strandkorb an unseren Küsten nicht immer gewesen.

Wir verdanken dieses »Möbel« dem Rheumatismus einer älteren Dame, die 1882 in **Warnemünde** Strandfreuden genießen wollte, ohne ihr Leiden durch den kühlen Seewind zu verschlimmern. Deshalb suchte sie den Korbmachermeister **Wilhelm Bartelmann** in Rostock auf und bat ihn um eine windgeschützte Sitzgelegenheit, die diesen Ansprüchen genüge.

Der Mann mag über die ungewöhnliche Kundin den Kopf geschüttelt haben, aber er ließ sich etwas einfallen. Aus Weiden, Rohr und Markisenstoff bastelte der findige Knobler eine Art **Einsitzer**, der mehr einem Wäschekorb als einem Strandmöbel glich, ohne zu ahnen, daß ihn diese Kreation berühmt machen würde.

Der Bartelmannkorb hatte später viele »Nachkommen«. So wurde er zunächst zum Zweisitzer, erhielt ein Tischchen und eine zusätzliche Markise, ließ sich als Liegesitz zurückklappen und soll sogar mit einem Drehgestell versehen worden sein, mit dem der wirbelnde Strandsand allerdings schnell fertig wurde.

Auch in anderer Hinsicht war der Strandkorb eine umwälzende Erfindung. Die **Moralvorstellungen** des 18. und 19. Jahrhunderts duldeten es durchaus nicht, den leichter bekleideten menschlichen Körper der Öffentlichkeit zu präsentieren. Für dieses Problem brauchte man Lösungen!

Da wurden beispielsweise Schaluppen im Flachwasser verankert, die zur Seeseite hin das feuchte Vergnügen ermöglichten. Sogar Holzkästen wurden von den Schiffen ins Wasser gelassen, um als **Freibadewannen** zu dienen. Wurde die See allerdings plötzlich stürmischer, konnte man in einem solchen Gebilde auch in Seenot geraten. Da waren die hochrädrigen

Badekarren doch schon ein bedeutender Fortschritt. Von kräftigen Pferden ins Wasser geschoben, dienten sie nicht nur als gesicherter Aufenthalt, sie waren auch Umkleidekabine und Startplatz in die wogende See.

Aus diesen mobilen Gebilden dürfte sich etwa um 1825 das **Badefloß** entwickelt haben, dem wir dann endlich die ersten festen **Badeanstalten** verdankten, die allerdings durch massive Bohlenwände oder größere räumliche Trennung Männlein und Weiblein streng voneinander schieden. Badeorte, die sich dann später neben dem **Damen- und Herrenbad** ein Familienbad leisteten, galten schon als ungewöhnlich freizügig, wenn nicht gar anrüchig ...

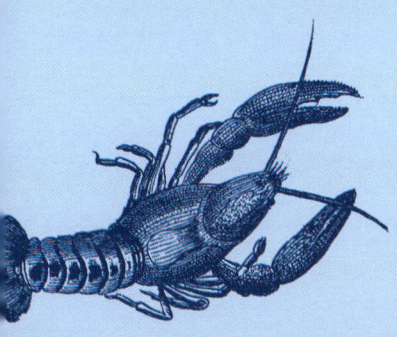

Segeln vor Cuxhaven

Sportsegeln hat vor Cuxhaven Tradition. Schon weit vor dem Ersten Weltkrieg gab es die **Kaiser-Regatten**, an denen der Kaiser selbst teilzunehmen pflegte. Doch auch wenn die Begeisterung für diese Regatten groß war – als Breitensport galt das Segeln in Cuxhaven lange Zeit nicht. Zum einen hielt man die hiesigen Gewässer für zu gefährlich, um auch noch bloß zum Vergnügen mit irgendwelchen »Nußschalen« darauf herumzusegeln, zum anderen fehlte den meisten Leuten das nötige Geld, um überhaupt eine nordseetaugliche Schiffsgröße zu finanzieren.

Erst in den Jahren zwischen den Weltkriegen kam es zur Gründung eines Cuxhavener Segelvereins, und heute gehört die Ansicht bunter Segel während der Saison fest zum Hafenbild.

Zur Popularität der Stadt hat unter Seglern sicher auch der Umstand beigetragen, daß hier der **Verein »Trans Ocean«** seinen Sitz hat, eine Vereinigung zur Förderung des Hochseesegelns. Wer eine Langstrecke oder gar eine Weltumsegelung plant, kann über »Trans Ocean« Informationen und Tips einholen. Schon viele **Weltumsegler** wählten Cuxhaven als Start- und Zielhafen ihrer großen Tour, darunter so prominente Vertreter ihrer Zunft wie Wilfried Erdmann oder Rollo Gebhard.

Trotz der vielen Boote, die hier segeln: Es ist kein leichtes Revier, und Anfänger seien gewarnt. Die Strömungen im Bereich der Elbmündung sind nicht zu unterschätzen und ändern im Wechsel der Gezeiten ihre Richtung. Die Tatsache, daß man sich auf der meistbefahrenen Wasserstraße der Welt befindet, macht die Sache auch nicht einfacher. Wer hier zum ersten Mal segelt, sollte – selbst wenn er Erfahrung mitbringt – sich von Kennern des Reviers Tips geben lassen. In den Häfen findet sich immer jemand dazu bereit.

▶ **»Trans Ocean«, Verein zur Förderung des Hochseesegelns e.V., Postfach 728, 27476 Cuxhaven, Tel. 04721/51800.**

Segelhäfen

Im kleinen **Sportboothafen** von **Altenbruch** sind Gäste sehr willkommen, natürlich ist bei einer Kapazität von 40 Liegeplätzen der Platz beschränkt. Der Hafen am Deich ist leicht zu finden: Man orientiert sich am Leuchtturm (weiß mit schwarzem Aufbau). Das Anlaufen ist allerdings nicht immer möglich, der Altenbrucher Hafen ist tidenabhängig. Gefahrlos können bei mittlerem Hochwasser Schiffe mit einem Tiefgang bis zwei Metern hier festmachen. Es lohnt

sich – das Vereinslokal kann sich sehen lassen.

Die Einfahrt zum **Yachthafen** vor **Grimmershörn** liegt zwischen der Alten Liebe und der Seebäderbrücke. Das Anlaufen ist tidenunabhängig und dank befeuerter Einfahrt und Anlegerbeleuchtung rund um die Uhr möglich, allerdings nicht ganzjährig erlaubt (nur vom 1. April bis zum 31. Oktober). 250 Liegeplätze sind vorhanden, die Mindestwassertiefe beträgt 2,50 Meter, in Teilbereichen 3,50 Meter.

Zwischen 5000 und 6000 Gäste nutzen pro Jahr diesen schön gelegenen Hafen, der schon mehrmals mit der Blauen Umweltflagge ausgezeichnet wurde.

▸ Segelhafen Altenbruch
Altenbrucher Seesportverein e.V. Auskünfte: Vereinslokal »Zur Schleuse«, Am Deich 1, 27478 Cuxhaven, Tel. 04722/449. Service: Sanitäre Anlagen, WC.

▸ Yachthafen Grimmershörn-Bucht
Segler-Vereinigung Cuxhaven e.V. Auskünfte: Tel. 04721/34111 (Hafenmeister im Sommer) oder 04721/22280 (Geschäftsstelle). Service: Messe mit Restauration 9–23 Uhr, Sanitäre Anlagen, WC, Frischwasser- und Stromversorgung auf Schlängel.

Geschichte

Geschichten aus der Geschichte

Die Macht des Geldes – der Untergang derer von Lappe

Meer, Watt und Strand – Cuxhaven präsentiert sich seinen Gästen als eine Stadt an der Wasserkante. Marsch, Geest, Moor und Heide prägen das Bild des Hinterlandes. Noch vor Jahrmillionen lag diese Region im Binnenland, weit von der See entfernt. Ein subtropisches Klima ließ Riesenfarne gedeihen, und wo sich heute Wattwürmer tummeln, hatten einst Saurier festen Boden unter den Füßen – Knochenfunde auf Helgoland bezeugen diese Szenerie. Erst die allmähliche Senkung der Festlandscholle sorgte für die Annäherung der Küste. Das Klima kühlte ab, Eichenmischwald ersetzte die tropischen Gewächse.

Besiedelt war das Gebiet nur spärlich. Doch wo man auf kleinen Arealen Ackerbau betrieb, reduzierte sich der Wald durch Rodung. Auf den abgeholzten Flächen breitete sich Heide aus.

Das uneingedeichte, regelmäßig überflutete Land bot nicht überall Gelegenheit zur Feldwirtschaft. Die Siedler, friesische Chauken und deren Nachfahren, errichteten ihre Behausungen daher auf natürlichen oder aufgeschütteten Anhöhen, den **Wurten** – die Endsilbe »-worth« in vielen Ortsnamen der Region erinnert daran.

Die Erträge aus **Fischfang** und **Landwirtschaft** ermöglichten keinen üppigen Lebensstil. Eine römische Flotte unter Tiberius gelangte 5 n.Chr. über die Elbe vermutlich bis Stade, und Plinius der Ältere (23–79 n.Chr.) berichtete von den kümmerlichen Lebensverhältnissen der Küstenbewohner. Er bezeichnete die beobachteten Zustände als »elend« – zweifellos verursachte seinerzeit die Ansicht der Gegend bei einem Bürger der Weltstadt Rom einen erheblichen Kulturschock.

Eine entscheidende Änderung der Verhältnisse begann sich im **Mittelalter** abzuzeichnen. Mit Hilfe des Deichbaus ließ sich das Land effektiver nutzen. Der Preis war die weitläufige Verwüstung des Waldes, denn für den Bau von Häusern, Schiffen und Deichen benötigte man große Mengen Holz. Die Ausführung solcher Projekte förderte andererseits die Organisation des Gemeinschaftslebens und die Zusammenarbeit verschiedener Gewerke.

Der **Handel** erblühte. Zwischen Hadeln und Hamburg fand der Warenverkehr auf dem Wasserweg statt. Auf der Elbe und ihren Nebenflüssen transportierte man Getreide, Raps und Fettwaren. Im 13. Jahrhundert etablierte sich auf der Hallig »O« (friesisch: Auge; alte Bezeichnung für das heutige Neuwerk) ein regelrechter Fischmarkt: Zur Heringsschwarm-Saison trafen sich hier Fischer und Händler aus den umliegenden Landschaften und Städten.

Die lukrativen Geschäfte zogen allerdings auch Leute an, die zwar viel von Handelsgütern, weniger jedoch von Bezahlung hielten. Das Revier um die Elbmündung herum erfreute sich bei **Piraten** wachsender Beliebtheit. Speziell die Insel Neuwerk bot so etwas wie einen rechtsfreien Raum, denn im Wattgebiet außerhalb des Festlandes kannte man keine Grenzlinie zwischen den Bereichen der Landesherren. Es blieb im Streitfall unklar, ob die Zuständigkeit beim Herzog von Sachsen-Lauenburg, beim Erzbischof von Bremen oder den Städten Hamburg, Bremen oder Stade lag.

Vor allem die **Hamburger Kaufleute** sannen auf Abhilfe. Die Elbmündung galt nicht nur wegen der Piraten als gefährliches Gewässer. Strandete ein Schiff, ging oft die ganze Ladung durch Strandraub verloren. Auch mit überlebenden Besatzungsmitgliedern verfuhr man nicht gerade zimperlich. Es bedurfte eigens vertraglicher Regelung, daß »Schiffbrüchige nicht mehr als Leibeigene behandelt werden, sondern frei sein« sollten.

Die Hamburger, im Falle drohender finanzieller Einbußen schon immer sehr aktionsfreudig, regten daher den Bau eines »Werkes« aus Holz und Stein auf **Neuwerk** an. Gegen ein auf Hamburger Kosten errichtetes Seezeichen, das die Elbmündung für alle sicherte, hatten die benachbarten Landesherren nichts einzuwenden. Nach zehnjähriger Bauzeit war der 45 m hohe Turm – heute eines der ältesten erhaltenen Bauwerke an der deutschen Küste überhaupt – vollendet. Hamburg erlangte nun auch offiziell den Alleinbesitz der Insel Neuwerk.

Die Dörfer auf dem Festland vor Neuwerk beherrschte das Geschlecht der Ritter von Lappe, zunächst scheinbar unbeirrt von der Anwesenheit neuer Macht unmittelbar vor ihrer Haustür. Als Stammsitz diente ihnen das **Ritzebütteler Schloß**, dessen wuchtiger Wehr-

➤ Rechts: Schloß Ritzebüttel heute

turm ein ebenbürtiges Gegenstück zum hamburgischen »Neuen Werk« bot. Der Lappe'sche Grundbesitz war beträchtlich, Bargeld allerdings knapp – die typische Situation des auf Naturalwirtschaft angewiesenen Landadels. Die Sippe befand sich in ständigen **Geldnöten**, erschwert durch Familienfehden und den kostspieligen Unterhalt des Schlosses. Hansestädtischer Kapitalkraft hatte sie nichts entgegenzusetzen. Getreu der unter Handelsleuten beliebten Devise: »Warum Gewalt anwenden, wenn man den Gegner kaufen kann«, gewährten die Hamburger den Rittern über Jahrzehnte hinweg mehrmals umfangreiche Darlehen – gegen Sicherheitsleistungen, versteht sich.

Verpfändete und nicht wieder eingelöste Ländereien fielen an die Hansestadt, das Lappe'sche Imperium zerbröckelte. 1392 starteten die Ritter einen letzten verzweifelten Versuch, die Finanzkrise auf bewährte Art zu beenden. Wie schon in früheren Jahren begannen sie, Handelsschiffe auf der Elbe zu berauben. Wenig später ließen sie sogar Neuwerk stürmen.

Damit war die Geduld des Hamburger Rates erschöpft. Mit Hilfe von 800 Verbündeten aus dem Land Wursten belagerten die Hamburger Schloß Ritzebüttel und nahmen es gegen Ende 1393 ein. Die Ratsherren sorgten für klare Verhältnisse. So mußten Alverich und Wolderich von Lappe nicht bloß schwören, in »rechter und ehrlicher Fehde« unterlegen zu sein, sondern darüber hinaus Schloß Ritzebüttel nebst zugehörigen Dörfern an Hamburg verkaufen. 2000 Mark, als Rente ausbezahlt und mit der Bedingung verknüpft, fortan friedlich zu bleiben, waren der Preis. 200 Mark zog man von der Summe gleich ab – die Lappes hatten das Geld bereits zu einem früheren Zeitpunkt erhalten, und hanseatische Kaufleute vergessen so etwas nicht. Aus dem neuen Grundbesitz bildete Hamburg das **Amt Ritzebüttel**, verwaltet von einem Amtmann, der gleichzeitig Ratsmitglied war. Neuwerk und Ritzebüttel waren in Hamburger Hand, binnen eines Jahrhunderts hatte sich die Stadt damit das Tor zur Weltschiffahrt gesichert.

Ein Haus namens Cuxhaven

1594, ganze 200 Jahre nach Beginn der Ritzebütteler Amtsgründung, erfolgte die erste urkundliche Erwähnung des Namens »Cuxhaven«. Auf seiner kartografischen Darstellung des »Ambt Ritzebüttell« markierte Johan Schröter den Ort »Kuxhaven« – mit einem einzigen Haus. Spätere Dokumente liefern etliche Schreibvarianten: »Kuckeshauen«, »Kuckeshagen« oder »Kuxhauen«. Ob die erste Namenssilbe analog solcher Begriffe wie »Koog« (durch Eindeichung gewonnenes Land) oder »Kogge« (Segelschiff aus der Hansezeit) zu interpretieren ist, beschäftigt noch heute Sprachwissenschaftler und Heimatforscher. Wenigstens ungefähr bestimmt ist die Lage am Unterlauf des Ritzebütteler Schleusenpriels. Dort hatte sich vor dem Außendeich Neuland gebildet, das »Neue Feld«, dessen Eindeichung man 1618 unter der Leitung des Amtmanns Schaffshausen vornahm.

Leider konnten sich die Cuxhavener nicht ungestört dieser drängenden Aufgabe widmen. Im selben Jahr brach der **Dreißigjährige Krieg** aus. Der Markgraf Christian Wilhelm von Brandenburg zog mit seinem Heer marodierend durch die protestantischen Länder elbabwärts, von Hamburg an auf der südlichen Elbseite bis Ritzebüttel. Die dortige Besatzung überlistete er 1626 mittels eines ebenso billigen wie wirkungsvollen Tricks.

Ein Chronist berichtet: »Hier zeigte er sich mit seinen Reitern vor dem Schlosse, und ersuchte den Herrn Amtmann Hans Schaffshausen, heraus zu kommen, weil er wichtiges mit ihm zu besprechen habe. Der Herr Amtmann, vertrauend auf die Ehrenhaftigkeit des Markgrafen, ging in Begleitung des Hauptmanns Simson und einiger Fußknechte über die Zugbrücke. Da brach ein Hinterhalt der Markgräflichen hervor, bemächtigte sich des Herrn Amtmannes und zog, denselben voranführend, damit vom Schloßwalle nicht geschossen werden konnte, am 28. Juli in's Schloß.« Dort ließ der Markgraf die scharfgeladenen Kanonen abfeuern, etliche Häuser im Umfeld des Schlosses kamen durch die Kugeln zu Schaden.

Die Kanonade bildete den Auftakt zu den nun folgenden **Plünderungen**. Selbst Neuwerk blieb nicht verschont. Amtmann Schaffshausen, endlich freigelassen, eilte umgehend nach Hamburg, wo man ihn zwar wegen seiner Naivität rüffelte, aber dennoch sofort 42 Schiffe mit 2000 Soldaten in Marsch setzte. Bevor jedoch eine Schlacht entbrannte, räumte der Markgraf das Feld - er war schließlich auf seine Kosten gekommen.

➢ Folgende Doppelseite:
Das Amt Ritzebüttel im Jahre 1594,
oben links die Insel Neuwerk

Die Elbe

Daß Ambt Ritzebüttell, gelege
vnd Hochweisen Raths der vgualte
diction, mit des Stieffts Breme
vnd Wursten augrentzung, durch
vnd abgerißen, Aᵒ 1594.

34

Daß Landt zu Wursten

Die Weihnachtsflut des Jahres 1717

»Das vorige Jahrhundert hat eigentlich nur eine allgemeine Sturmfluth aufzuweisen, aber eine ganz entsetzliche, die Weihnachtsfluth des Jahres 1717. Gerade am heiligen Christabend, nachdem schon Tage lang ein furchtbarer Sturm aus Westen geweht, der ungeheure Wassermassen durch den Canal gepeitscht hatte, brach sie über die armen Marschen hinein und richtete wieder unbeschreibliches Unglück an. Nicht eine Gegend blieb verschont, namentlich litten die Oldenburger Marschen, und in fast allen Kirchen hängen dort heute noch Gedächtnißtafeln, die aus ihren Kirchspielen manch' grausige Geschichte erzählen. Genau weiß man, daß diese Fluth hier 2471 Menschen und über 4000 Stück Vieh fortspülte, in Ostfriesland die fast gleiche Zahl und auf der ganzen Nordseeküste 15.000 Menschen. (...) Schrecklich war der Anblick des Landes nach dem Abzug des Wassers. (...) Ueberall sah man auf dem platten Lande Trümmer von Häusern, Brücken, Stroh, Heu, Torf, Haus- und Ackergeräth, vermischt mit Viehkadavern. Noch im Sommer darauf fand man Leichen beim Aufräumen der angeschwemmten Heu- und Strohhaufen im Schlamm oder in Gräben. Fast keine Familie gab es in dem angegebenen Küstengebiete, welche nicht das Leben eines oder mehrerer Angehörigen betrauerte.«

Aus: Hermann Allmers, Marschenbuch. Land- und Volksbilder
aus den Marschen der Weser und Elbe, 1902

Die nächsten Besatzer ließen nicht lange auf sich warten. Die Kaiserlichen unter Tilly und Pappenheim hielten 1628 Einzug in Ritzebüttel. Neuwerk blieb diesmal ungeschoren, geschützt durch die Natur: Dichtem Nebel über dem Watt ließ sich selbst mit raffiniertesten militärischen Strategien nicht beikommen.

Die Kriegswirren des 17. Jahrhunderts rissen nicht ab. Besetzungen und Plünderungen durch erzbischöfliche Reiterei, schwedische Truppen und braunschweigische Söldner bedeuteten eine große Last für die Bevölkerung. Vielleicht war es den Cuxhavenern auch deshalb unmöglich, das erst 1618 eingedeichte »Neue Feld« zu halten.

Die Dramatik des steten Kampfes der Küstenbewohner gegen Gezeiten und Elbstrom verdeutlicht die Tatsache, daß man noch zu Beginn des 17. Jahrhunderts vom heutigen Standort der Alten Liebe aus bis zum Elbufer eine Strecke von mehr als zwei Kilometern über grünes Weideland zurücklegen konnte.

Stück für Stück verlagerte sich die **Küstenlinie**, wurden Deiche zurückgenommen. Dabei ging nicht nur Land, sondern auch manche Existenz unter, denn wo heute die

Weltschiffahrt die Fahrrinne vor der Alten Liebe pflügt, standen einmal stattliche Bauernhöfe – vor weniger als 300 Jahren.

Der größte Teil des Neulands ging mit der **Großen Weihnachtsflut** vom 24./25. Dezember 1717 verloren. In Cuxhaven, Döse, Duhnen, Groden und auf Neuwerk ertranken 296 Menschen, zahlreiche Gebäude stürzten ein, Tausende Tiere kamen um. Vom »Neuen Feld« blieb nur das erhöhte Gelände, auf dem sich heute der Bahnhof und die Fischmarktanlagen befinden.

Erst im 18. Jahrhundert gewann Cuxhaven größere Bedeutung als **Hafenplatz**. Seezeichen und Anlagen wie die Alte Liebe (1733) oder der Deich bis zur Kugelbake wurden errichtet. Unweit der Alten Liebe stand eine hölzerne Bake, mit 39 Metern Höhe ein echter Küsten-Superlativ. Einen Leuchtturm hatte man noch nicht – wohl aber einen Signalmast mit Laterne, bedient und inspiziert vom jeweils amtierenden Schullehrer, der als Entgelt für diese Tätigkeit die Lichtreste beanspruchen durfte.

Immerhin: Cuxhaven boomte. 1795 bestand der Ort aus 41 Häusern, zwei Jahre zuvor hatte kein geringerer als der Göttinger Philosoph Georg Christoph Lichtenberg Cuxhaven als geeigneten Platz für ein deutsches Seebad empfohlen.

Aufruhr und Arien – der Weg zum Seebad

Doch alle diesbezüglichen Pläne blieben vorerst Schall und Rauch, denn 1803 begann auch im Amt Ritzebüttel die **Franzosenzeit**. Mit Ausnahme des Zeitraums vom 1. September 1805 bis zum 13. November 1806 blieb die Region bis 1812 unter französischer Besatzung. Aus dem Amt wurde die Mairie Ritzebüttel, gehörig zum 1. Kanton Ritzebüttel des Arrondissement Stade im Departement Elbmündung.

➢ Neuwerker Seezeichen auf einer Seekarte von 1831

Schaarhörn Baak.   Nordbaak.   Kleiner Leucht Thurm.   Großer Thurm.   Ostbaak.

Napoleons Visionen sahen für Cuxhaven keinen Kurbetrieb vor – er wollte einen **Kriegshafen**. Bei der Kugelbake und Grimmershörn legten die Franzosen Küstenbatterien an, gaben sie jedoch wieder auf, da die Reichweite der Geschütze nicht genügte, um die Elbe zu sichern. Ersatzweise bauten sie das »Fort du Phare« an der Alten Liebe und das »Fort Napoleon« beim Osterhörner Stack. Sogar eine Kanalverbindung Ems-Weser-Elbe-Ostsee wurde projektiert, blieb jedoch unausgeführt.

Bei all diesen Vorhaben mußte die Bevölkerung Hilfe leisten. Die Verdienstmöglichkeiten wurden nicht zuletzt durch die Kontinentalsperre und die Blockaden der Elbe mit englischen Kriegsschiffe beeinträchtigt. Der **Schmuggel** englischer Waren von Helgoland aus bedeutete eine größere Einnahmequelle, deren Nutzung allerdings mit Risiko verbunden war.

Nach dem vorübergehenden Abzug der Franzosen am 16. März 1813 und ihrer Rückeroberung des Amtes (8. Mai 1813) befahl Marschall Davout die **Räumung Neuwerks** wegen Konspiration der Bewohner mit den Engländern. Eine militärische Besetzung kam für ihn nicht in Frage, da die Insel »gar keine Wichtigkeit darbietet, und der dortige Aufenthalt pestartig für die Truppen ist, es also der Mühe nicht lohnt, dieselbe militairisch in Besitz zu nehmen.« Innerhalb von vier Tagen hatten die 33 Neuwerker ihre Insel zu verlassen, mit ihnen zogen 26 Pferde, 46 Milchkühe, 86 Stück Hornvieh, 285 Schafe, 165 Lämmer, 76 Gänse und 236 Gänseküken. Alle Gebäude Neuwerks wurden abgebrochen. Nur die engagierte Intervention des Maître de Sars verhinderte die Sprengung des alten Turms, der somit als einziges Bauwerk auf der Insel intakt blieb.

➤ Die Kugelbake auf einer Postkarte der Jahrhundertwende

Cuxhaven Kugel-Baake.

> Cuxhaven von der Landseite um 1840

Erst am 30. November 1813 erga-
ben sich die Franzosen den auf-
marschierten englischen und rus-
sischen Truppen. Das **Hamburger
Recht** wurde wieder eingeführt.
Hamburgs Bürgermeister Amandus
Augustus Abendroth, der schon
zwischen 1809 und 1811 Amtmann
in Ritzebüttel war, nahm diesen
Rang erneut ein. Was blieb, war
eine Schuldenlast von etwa 350.000
Mark – bei 4044 Einwohnern des
Amtes eine Pro-Kopf-Verschuldung
von 90 Mark. Doch der **Wiederaufbau** stützte sich von Beginn
an auf die zwei Säulen, die Cuxhavens Wirtschaft noch heute tragen:
die fischverarbeitende Industrie
und den Fremdenverkehr.

Fischer gab es im Ort natürlich
schon seit ewigen Zeiten. Was sie
jedoch von ihren Fängen nicht
selbst verbrauchten oder an Direkt-
abnehmer im Heimathafen verkaufen konnten, lieferten sie in Fremd-
häfen ab, wo spezielle Betriebe die
Konservierung übernahmen. Nach
Gründung zweier **Salzereien** in
Cuxhaven war dieser Umweg nicht
länger nötig. Jetzt arbeiteten die
Cuxhavener auch an Land »im
Fisch«.

Die Zeit war reif, die alten Träume
vom **Seebad** ebenfalls zu verwirk-
lichen. Lichtenberg hatte es ja bereits formuliert: »Jene Gegend hat
Vorzüge, deren sich vielleicht wenige Seeplätze in Europa rühmen
können, namentlich die Lage zwischen zwei großen Strömen, der
Elbe und der Weser, die Phänome-
ne der Ebbe und der Fluth, die
dort auffallender erscheinen, als an
wenigen Orten, das ununterbro-
chene Aus- und Einsegeln majestä-
tischer Schiffe aller Nationen.«

Wie schon im Falle der ersten Fischsalzereien ergriff auch hier Amtmann Abendroth die Initiative. Mit dem Verkauf von 100-Mark-Aktien an Hamburger Freunde und Einlagen aus seinem Privatvermögen brachte er das für die Seebade-Aktiengesellschaft benötigte Stammkapital von 10.000 Mark zusammen. Am 24. Juni 1816 wurde das Seebad eröffnet, einen knappen Monat später begrüßte Abendroth persönlich den ersten Gast im neuen **Badehaus** an der Alten Liebe, das sich etwa an der Stelle des heutigen »Seepavillon« befand.

Und die Cuxhavener staunten nicht schlecht, als sich noch im selben Sommer ein qualmendes Ungetüm ihrer Küste mit rasanter Geschwindigkeit näherte: Die englische »Lady of the Lake« war das erste **Dampfschiff** auf der Elbe. Sie sollte regelmäßig zwischen Hamburg und dem neuen Seebad pendeln. Immerhin schaffte der Dampfer die Strecke stromab in nur sieben, stromauf in neun Stunden – bei widrigen Winden benötigte ein

Segler manchmal mehr als zwei Tage. Ein Jahr später allerdings dampfte die »Lady« retour nach England. Ihr Einsatz hatte sich als unrentabel erwiesen.

Aber ein Anfang war gemacht, und schon im zweiten Betriebsjahr registrierte das Seebad 295 Gäste, die sich 2743 Bäder gönnten. Geboten wurden Wannen-, Dampf-, Tropf-, Sturz-, Spritz- und Duschbäder. Daß so eine **Kur** nicht allzu entsagungsreich verlaufen mußte, läßt sich Amtmann Abendroths Beschreibung des Seebades entnehmen: »Der Bademeister ist darauf eingerichtet, die Gäste mit einem Frühstück aus Kaffee, Thee, Chocolade und Boullion, oder verschiedenen Weinen, Liqueurs, Beef-Steaks, leichtem Backwerk, und dergleichen, bewirthen zu können; sowie er auch für den Nachmittag und Abend sich gern erbietet, die Tafel mit allem, was verlangt wird, zu besetzen.« Derartige Völlerei ist heutzutage meist nicht mehr im Sinne der Badeärzte – leider.

Nachdem Abendroth 1821 zurück nach Hamburg gewechselt war, übernahm eine Privatgesellschaft den Badebetrieb. Doch ohne das Engagement des prominenten Hamburgers, dessen gute Verbindungen zur hansestädtischen High Society stets für die Anwesenheit kurender Gäste aus gehobenen Kreisen gesorgt hatten, ließen die Geschäfte nach.

Katastrophale Ereignisse verhinderten die Konsolidierung: Zunächst brannte das unversicherte Badehaus ab, dann ereilte im Februar

Nordseebad Cuxhaven.

➢ Cuxhaven um die Jahrhundertwende

1825 wieder einmal eine schwere **Sturmflut** die Küste. Die Flut verseuchte das Trinkwasser. In der Folge breitete sich ein epidemisches Marschenfieber aus. Die Hälfte der Bevölkerung erkrankte daran innerhalb der nächsten beiden Jahre, Hunderte starben – der gute Ruf des Heilbades schien restlos dahin, die einstigen Gäste reisten lieber nach Norderney, Borkum oder Helgoland.

Doch mit der Zähigkeit, die sie sich im steten Kampf mit dem Meer erworben hatten, bauten die Cuxhavener ihre Position wieder aus. Hoffmann von Fallersleben besuchte den Ort, Franz Liszt kam, Heinrich Heine weilte zu Gast und im August 1846 kurte ein zeitgenössischer »Megastar«: **Jenny Lind**, genannt die »schwedische Nachti-

gall«. Die populäre Sängerin beließ es nicht beim Bade, sondern gab ein gefeiertes Benefizkonzert in der Martinskirche zugunsten der Armen Ritzebüttels.

Das Amt brodelte. Um dem drohenden Verkehrschaos durch anreisende Fans Herr zu werden, erteilte die Obrigkeit alsbald Richtlinien »zur Aufrechterhaltung der öffentlichen Ruhe und Ordnung« und organisierte eine Dampfschiff-Sonderfahrt von Hamburg nach Cuxhaven. Der »Neptunus«, des Amtes erste Zeitung, jubilierte nach dem Ereignis: »Durch die seltene Gunst des Geschickes genossen wir auch das Glück, das erhabene Talent der gefeierten Sängerin Jenny Lind in unseren Mauern zu bewundern – eine Auszeichnung, welche bisher nur Städten

41

ersten Ranges zu Theil geworden ist, und um so rühmender von uns erkannt wird, als sich an dieses Ereignis zugleich der Dank vieler Armen und Waisen knüpft, zu deren Erquickung und Freude die Künstlerin ihre göttliche Gabe hier gespendet.« Michael Jackson oder Madonna könnten heute schwerlich für größeren Wirbel in Cuxhaven sorgen – sie würden ihre Gage allerdings kaum der Fürsorge überlassen.

Kanonendonner

In den 60er Jahren des 19. Jahrhunderts galt Cuxhaven wieder als gefragtes Seebad. Doch nicht nur Badegäste kamen. Einmal mehr zog der Krieg ein im Amt Ritzebüttel. Leben und Besitz der Bewohner blieben diesmal aber unbehelligt, denn das Ereignis fand auf See statt.

Die kriegerische Auseinandersetzung zwischen Preußen-Österreich und Dänemark um den Besitz Schleswig-Holsteins hatte am 18. April 1864 mit der dänischen Niederlage auf den Düppeler Schanzen einen vorläufigen Höhepunkt gefunden. Die **dänische Seeblokkade** der Elbe- und Wesermündung bestand jedoch weiterhin. Sie zu brechen galt als erklärtes Ziel der kleinen Flotte, die sich in Cuxhaven sammelte. Die beiden österreichischen Fregatten »Schwarzenberg« und »Radetzky« sowie die drei preußischen Kanonenboote »Adler«, »Blitz« und »Basilisk« bildeten den Verband, der unter dem Befehl des österreichischen Linienschiffskapitäns Tegetthoff stand.

Einen »blinden Alarm« hatte es bereits gegeben, doch am 9. Mai traf das Geschwader vor Helgoland auf die dänischen Fregatten »Jylland« und »Niels Juel«. Die zahlenmäßige Unterlegenheit der Dänen glichen sie durch größere Feuerkraft aus; sie verfügten über 102 Geschütze, Preußen und Österreicher nur über 87 Kanonen.

Mehr als zwei Stunden währte der Kugelwechsel. Vor allem Tegetthoffs »Schwarzenberg« steckte im dicksten Getümmel. Zeitweise bestand die Gefahr, von den Dänen geentert zu werden. Der Kapitän soll bereits mit geladener Pistole in der Pulverkammer gestanden haben, um im Falle des Übergriffs das Schiff mit Mann und Maus in die Luft zu jagen. Doch schließlich ließen die Kontrahenten voneinander ab, man hatte beiderseits genug.

Beide Gegner verbuchten das Treffen als Sieg, wie in solchen Situationen üblich, beide hatten schwer dafür bezahlt – allein die »Schwarzenberg« verlor innerhalb einer Stunde ein Viertel ihrer Besatzung. 38 Tote wurden zwei Tage später feierlich auf dem Ritzebütteler Friedhof beigesetzt, drei weitere Gefallene blieben auf See. Tags darauf kam es zum Waffenstillstand, Kapitän Tegetthoff erhielt seine Beförderung zum Konteradmiral.

Grund zum Feiern für die Cuxhavener, und mit den beliebten

Österreichern feierten sie gern. Schließlich bot die längere Anwesenheit der Flotte nicht bloß Amusement, sondern konkreten wirtschaftlichen Nutzen. An Verproviantierung, Schiffsreparaturen und ähnlichem verdienten die Cuxhavener nicht schlecht.

Die Österreicher verließen Cuxhaven wieder. Trotzdem wurde die **Marine** bald neben Seebadbetrieb und Fischerei zum dritten Standbein einheimischer Wirtschaft. Als 1870 während des Deutsch-Französischen Krieges erneut eine Elbblockade drohte, baute man Cuxhaven zur Seefestung aus. **Fort Kugelbake**, dessen Anlage die Spaziergänger auf dem Kugelbake-Deich noch heute vor Augen haben, machte den Anfang, weitere Befestigungen folgten. Ein Jahr vor Beginn des Ersten Weltkrieges waren von 17.640 Einwohnern Cuxhavens 4820 Soldaten – mehr als ein Viertel der Bevölkerung.

Stadt Cuxhaven

Cuxhaven hatte sich zu einem wichtigen Hafenplatz entwickelt und das einst berühmtere Ritzebüttel an Bedeutung überflügelt. Als man beide Gemeinden 1872 zusammenlegte, erhielt das neue Gebilde daher nicht den traditionsreicheren, sondern den mittlerweile bekannteren Namen: Cuxhaven. Und dieser Name blieb, als am 15. März 1907 aus der ehemaligen Landgemeinde, zwischenzeitlich um den Ortsteil Döse erweitert, eine Stadt wurde.

Die Entwicklung des **Fremdenverkehrs** und des **Seefischmarktes** halfen den Cuxhavenern über die wirtschaftlich schwierige Zeit nach dem Ersten Weltkrieg hinweg. Weitere **Eingemeindungen** sorgten für das Anwachsen der Stadt, auch Duhnen und Neuwerk gehörten seit 1935 dazu. Die über 500jährige Zugehörigkeit zu Hamburg be-

➤ Eine Wattwanderung im Jahre 1906

➤ Tag der Hochseefischer 1955 in Cuxhaven

endete 1937 ein Verwaltungsakt –
Cuxhaven ging an das Land Preußen und nach dem Zweiten Weltkrieg an dessen Rechtsnachfolger
Niedersachsen über.

Trotzdem blieben Hamburg und
Cuxhaven direkte Nachbarn, denn
große Teile des Hafengebiets waren weiterhin in Besitz der Han-
seaten. Das Fremdgebiet innerhalb
der eigenen Stadtgrenzen erwies
sich jedoch bald als Wachstums-
hemmnis. Man schloß also 1965
einen Tauschhandel: 200 Hektar
Land für die Erweiterung des Cuxhavener Fischereihafens gegen Neuwerk und Scharhörn. Das »Nige
Wark« kam wieder in Hamburger
Hände. Daß diese **Territorial-Ver-
handlungen** immer noch nicht ab-
geschlossen sind, zeigt die erst 1992
erfolgte Rückgabe des Amerikahafens von Hamburg an Cuxhaven.

Heute ist Cuxhaven, seit 1977 Kreis-
stadt, das größte deutsche **Nord-
seeküstenbad**. Durch Eingemeindung umliegender Ortschaften –
zuletzt Altenbruch, Altenwalde
und Lüdingworth – gewann man
neue Kurteile, welche die Attrak-
tivität des Bades noch steigerten.
Auf der nunmehr 177 Quadratki-
lometer großen Fläche leben heute 58.000 Einwohner.

Auch wenn die Stadt Cuxhaven
nicht sehr alt ist: Die Region hat
eine weit zurückreichende Geschichte, und das ist zu spüren. Es
ist eben keine Retortenstadt für
den Tourismus, sondern ein Ort,
der seine eigenen Schätze und Vorzüge besitzt, die er gern mit dem
Gast teilt, der auf Entdeckungsrei-
se geht.

➤ Rechts: Fischkutter im Hafen

Sightseeing

➤ Blick in die Deichstraße

Cuxhaven-City –
von der Elbe bis zum Schloß

Der Begriff »City« ist in diesem Fall etwas irreführend, denn einen Mittelpunkt hat die Stadt nicht – eher etwas wie eine zentrale Achse, die sich von der Alten Liebe über den Ritzebütteler Schleusenpriel, den Kaemmererplatz und die Nordersteinstraße bis zum Schloß erstreckt. Wobei das bekanntere Ende zweifellos die Alte Liebe ist, von der auch meist diejenigen Gäste bereits gehört haben, die erstmals die Stadt besuchen.

Alte Liebe

Das Bollwerk am Strom ist eine Art Markierungspunkt des längst versunkenen »Ur-Cuxhavens«, das sich einst in seinem Vorfeld ausbreite-

➤ Die »Alte Liebe« Anno 1955

48

te. Erst an dieser Stelle gelang es am Anfang des 18. Jahrhunderts, dem ständigen Landraub durch die See Einhalt zu gebieten. Das geschah, indem man drei alte Schiffsrümpfe mit Steinen füllte, bis sie versanken. Pfahlwerk verstärkte diesen künstlichen Damm, in dessen wellenbrechendem Schutz die Schiffe nun sicherer ankern konnten. Das »Haupt« hieß die Anlage zunächst, der **romantische Name** »Alte Liebe« kam erst später auf – sein Ursprung ist nicht sicher verbürgt. Man nimmt jedoch an, daß eines der versenkten Schiffe »Olivia« hieß, woraus über den plattdeutschen Umweg »Ol Liev« letztlich die »Alte Liebe« wurde.

Immer wieder einmal baute man das Bollwerk um. Die Alte Liebe wurde erhöht, bekam einen Seitenflügel und diente schließlich nicht nur als Wellenbrecher, sondern als Anleger – nach dem Zweiten Weltkrieg vornehmlich für die Helgoland-Schiffe. 1980/81 erfolgte der komplette Abriß und Neubau als Aussichtsplattform.

Es gibt nur wenige Plätze, die zu jeder Jahreszeit und zu jeder Stunde großartig sind. Die Alte Liebe ist so eine Rarität. Auf der in den Elbstrom hineingebauten Plattform wähnt man sich selbst an Bord eines der Schiffe, die in Steinwurfnähe vorüberziehen. Die Durchsagen des **Schiffsmeldedienstes** in-

➤ Ein Platz für »Sehleute«: die Aussichtsplattform der »Alten Liebe«

formieren den sehnsüchtig Hinterdreinblickenden über Herkunft, Zielhafen und Größe des passierenden Schiffes.

Auf der ganzen Welt haben nur wenige Wasserstraßen eine derart hohe Frequenz an Schiffsverkehr. Wen die Komposition von Wasser, Seegeruch, Wind und Schiffen aller Art fasziniert – und wer kann sich dieser Faszination schon entziehen – hat hier seinen Lieblingsplatz gefunden. Und zwar bei jedem Wetter: Die Alte Liebe ist nach außen offen, aber zweistöckig. Bei Regen wechselt man eben »unter Deck«.

Dieser exponierte Ort zwischen Fluß und Meer ist schon lange als geeigneter Platz für die Kommunikation zwischen Schiff und Land erkannt worden. Der **Radarturm**

unweit der Alten Liebe verkörpert die zeitgemäße Form dieser Zwiesprache, ältere Zeugen sind der Leuchtturm und der **Semaphor**. Angesichts der ungewöhnlichen Konstruktion herrscht bei den meisten Binnenländern Ratlosigkeit über den Zweck des skurrilen Gebildes. Ein Signal ist es in der Tat, und zwar ein multifunktionelles: Vor der Einführung von Funk und Radar informierte es Schiffsbesatzungen über die Windverhältnisse vor der Küste. Die Arme am Mittelmast symbolisierten ausgeklappt jeweils zwei Windstärken, die Pfeile auf den Rosetten wiesen die Windrichtung. Die Hälfte mit dem »B« trug die Angaben für die Region Borkum, Hälfte »H« die Helgoländer Verhältnisse.

> ➤ Der alte Semaphor

Noch betagter als der 1889 errichtete Semaphor ist der benachbarte **Leuchtturm**. Der 1803 fertiggestellte, trutzige Bau ist einer der ältesten zylindrischen Backsteinleuchttürme Deutschlands. An seiner Stelle hatte zuvor die wegen ihrer Höhe von 39 Metern berühmte Holzbake gestanden, die 1801 ein kräftiger Novembersturm einstürzen ließ – ein Schicksal, dem der Turm nun schon seit fast 200 Jahren erfolgreich trotzt. Wappen und Inschrift über dem Eingang verkünden, daß der Turm unter Hamburger Regie gebaut wurde. Wer sich an den großen Schiffen noch nicht sattgesehen hat, kann an der Alten Liebe, zumindest in den Sommermonaten, die Welt der christlichen Seefahrt en miniature bewundern. Neben dem Radarturm

befindet sich ein stark frequentiertes **Modellbootbecken**. Sogar Wettbewerbe trägt man hier aus.

Nach dem Besuch der Alten Liebe bietet der nahegelegene **Seepavillon** Erfrischungs- oder Aufwärmmöglichkeit, ohne daß man sich schon vom Blick auf die Schiffe verabschieden müßte. Auch der »Seepavillon« ist ein Ort mit Tradition: Hier stand Cuxhavens erstes Badehaus.

Feuerschiff »Elbe 1«

Bewegt man sich von der Alten Liebe am Hafen entlang stadteinwärts, gelangt man zum ältesten Teil des Hafens, dem **Ritzebütteler Schleusenpriel**. Man vermutet, daß einst die Schiffe über den Priel bis zum Schloß fahren konnten. Heute beginnt der »Alte Hafen« hinter der **Klappbrücke**, die in Funktion dem Besucher ein nicht alltägliches Schauspiel bietet: Die Straße schwenkt in die Vertikale und läßt dem durchfahrenden Schiff ein Schlupfloch von gut 17 Metern Breite.

Während an der Ostseite des Alten Hafens noch Lagerhallen und Häuser der Hafenbetriebe stehen, ist das Westufer mit einer Reihe nobler Appartementhäuser bebaut, zu deren Standardausstattung neben der Garage der private Bootsanleger gehört.

Vor dieser prächtigen Kulisse liegt das **Feuerschiff »Elbe 1«** vor Anker, ein knallroter Blickfang und nicht nur von außen sehenswert.

➢ Das Feuerschiff »Elbe 1« im Alten Hafen

Der eigentliche Schiffsname lautet »Bürgermeister O'Swald«, doch die Bezeichnung der Feuerschiffe nach ihrer Arbeitsposition hat Tradition, und die »Bürgermeister O'swald« lag eben auf Position Elbe 1. Länger als 150 Jahre gab es bemannte Feuerschiffe in der Elbmündung. Sie sicherten die Durchfahrt in diesem durch wechselnde Strömungsverhältnisse und sich ständig verlagernde Sandbänke problematischen Gebiet, gaben Meldungen weiter und dienten als **Wetterstationen**. Zusätzlich trat die Besatzung bei Bedarf als Rettungsmannschaft in Aktion. Dabei war sie es manchmal selbst, die in Seenot geriet.

Die Feuerschiffe wurden äußerst selten zurück in den Hafen beordert. In der Regel wetterten sie schwerste Stürme an ihrer Stammposition auf See ab, um eben gerade in dieser Gefahrensituation anderen Schiffen Orientierung zu bieten. Mehr als einmal sind Feuerschiffe im Sturm gekentert, haben sich vom Anker losgerissen oder sind gerammt worden. Und mehr als ein Besatzungsmitglied ist dabei ums Leben gekommen.

Am 22. April 1988 wurde die »Elbe 1« als letztes der bemannten Feuerschiffe außer Dienst gestellt und durch ein ferngesteuertes Computer-Seezeichen ersetzt. Die Stadt Cuxhaven erwarb das Schiff für den **Förderverein »Schiffsgeschichte Cuxhaven«**, der es als Museumsschiff der Öffentlichkeit zugänglich machte. Mannschaftsunterkünfte, Kombüse, Kommandobrücke – alles kann besichtigt werden. Der Ver

51

ein trägt auch Sorge dafür, daß »Elbe 1« nicht nur Museum ist, sondern nach wie vor fahrtauglich. Die Maschinen sind »in Schuß«, die nautischen Instrumente komplett, von der Brücke stellen Amateurfunker weltweite Funkverbindungen her. »Elbe 1« ist klar zum Auslaufen.

▶ Feuerschiff »Elbe 1«, Zollkaje, An der Klappbrücke, Tel. 04721/ 34121, geöffnet vom 1. April bis 31. Oktober, Di.-Sa. 13–17, So. 10–17 Uhr.

»Reyesches Haus«

Das **Schleusenbecken** am Ende des Ritzebütteler Schleusenpriels erfüllt heute kaum den Zweck eines Hafens, eher schon den eines Stadtparksees mit maritimem Charakter. Es bildet eine ruhige Oase zwischen der verkehrsreichen Konrad-Adenauer-Allee und dem Kaemmererplatz. Für das Auge wird einiges geboten. Der alte **Frachtsegler** »Hermine« liegt am Ufer, Enten tummeln sich unter der Fontäne in der Beckenmitte und im Hintergrund ragt der annähernd hundertjährige Cuxhavener Wasserturm in die Höhe.

In Südrichtung zweigt vom Kaemmererplatz die Nordersteinstraße ab, kürzeste und kurzweiligste Verbindung zwischen Schleusenpriel und Schloß: Die Nordersteinstraße ist **Fußgängerzone**, zahlreiche Geschäfte, Restaurants und Cafés lassen keinen Wunsch offen und animieren zum »shop and go«.

Die Fußgängerzone endet direkt vis-á-vis des Schlosses an der Südersteinstraße. Wem nach dem Einkaufsbummel (oder auch sonst) der Sinn nach Kultur steht, kann gleich links um die Ecke das **Stadtmuseum** besuchen.

Außer Sonderausstellungen beherbergt es auch eine Abteilung »Vor- und Frühgeschichte«, deren Exponate die Siedlungsgeschichte der Nordseeküste dokumentieren. Das Haus, in dem das Museum residiert, gilt schon für sich als hochkarätige Sehenswürdigkeit. Das **»Reyesche Haus«**, ein um 1780 erbautes Kaufmannshaus, weist typische Merkmale des norddeutschen Klassizismus auf.

Unter demselben Dach findet man Cuxhavens **Kulturinformation**, deren Serviceangebot auch den Kartenvorverkauf für das Stadttheater einschließt.

▶ Stadtmuseum
und Kulturinformation
Südersteinstr. 38, 27472 Cuxhaven, beide Einrichtungen sind ganzjährig geöffnet von Mo.-Fr. 9–13 und Di.-Fr. 15–18 Uhr, Sa. 10–13 Uhr. Das Museum erreicht man unter Tel. 04721/ 62822, die Kulturinformation unter Tel. 04721/62213.

➤ Stadtmuseum und Kulturinformation unter einem Dach in der Südersteinstraße 38

Martinskirche und Schloß Ritzebüttel

Trotz der langen Geschichte des »Fleckens« Ritzebüttel: Eine eigene Kirche erhielt der Ort erst 1819. Initiator des Baus war einmal mehr der umtriebige **Amtmann Abendroth**. Architekt Axel Bundsen konzipierte die **Martinskirche** nach dem Vorbild der Kirche in Wandsbek bei Hamburg. Er schuf einen einfachen Backsteinbau.

»Neuer italienischer Geschmack« nannte man diese Stilrichtung des beginnenden Klassizismus. Amtmann Abendroth schwärmte dafür. Angesichts der leeren Kassen kurz nach dem Ende der »Franzosenzeit« blieb ihm auch keine andere Wahl - für Schnörkel fehlte einfach das Geld. Da war es schon tragisch, daß der sparsam konstruierte Bau bereits nach kurzer Zeit kostspielige Reparaturen nötig hatte. Die auf Rammpfählen errichteten Mauern sackten ab.

Den **Turm** erhielt die Martinskirche erst 1885. Auch durch andere Maßnahmen wurde der ursprüngliche Bau verändert. Geblieben ist die schlichte Transparenz des Innenraums, die auch heute noch den Amtmann Abendroth zufriedenstellen würde, dessen Bildnis hier hängt.

Schloß Ritzebüttel, die »Urzelle« des Ortes, mußte während seines langen Bestehens ebenfalls etliche Umbauten über sich ergehen lassen. Fast jeder amtierende »Schloßherr« hatte bezüglich der Inneneinrichtung individuelle Wünsche. Und der Wechsel der zeitgegebenen Erfordernisse formte das Äußere der Anlage - Wehrturm oder Reprä-

53

Ritzebütteler Schloßgeschichten

1. »Den Zustand unserer verteidigungsbereiten Burganlage in den unruhigen Zeiten des 17. und beginnenden 18. Jahrhunderts geben Kopien der Zeichnungen aus Warhus' Chronik von 1729 wieder: Der Turm ist von einem hohen pallisadenbewehrten und mit Kanonen bestückten Wall umgeben, der zuletzt 1724 – wie schon so oft vorher – unter der Leitung eines von Hamburg gesandten ›Wall-Setzers‹ mit Grassoden verstärkt und verbessert worden war. Der steinerne Turm hat noch den Vorbau aus dem Jahre 1616 mit den drei Türmchen. In dem mittleren hat sich später (1735) der Amtmann Brockes ein Dichterstübchen eingerichtet und uns u.a. beschrieben, was er (...) von der Umgebung sehen konnte. Der Dachumgang des Turms hat noch nicht den heutigen Zinnenkranz. Die Turmuhr ist seitlich an der Nordwand angebracht; die dazugehörige Stundenglocke hängt in einem Gerüst vor der mittleren Zinne.

Durch das Torhaus gelangte man über eine Zugbrücke auf den Wall zwischen dem inneren und äußeren Burggraben. Eine Allee führte zum einzigen Zugang beim Wachthause, das heute noch an der Stelle steht, über eine weitere Zugbrücke des äußeren Schloßgrabens, an der nachts ein Tor verschlossen wurde. Von hier aus führten die Wege in den Flecken zur Hardewiek und nach Groden. Die Baumallee wurde unter Amtmann Brockes zwischen den beiden Gräben nach Westen fortgesetzt. Sie steht heute noch, wenn auch gelichtet. Die großen Gebäude hinter der Schloßwache sind zwei der ehemaligen drei Vorwerke zum Schloß: der spätere Beckmannsche und der Nachtigallsche Hof.

Die beiden Brückentorhäuschen des Einganges zum Schloßhof, die etwa um 1720 gebaut worden sind, wurden 1735 abgerissen und an der Stelle wurde ein stärkeres und höheres Torhaus errichtet. Man bezeichnete es als »das Gewölbe«. In seinem oberen Teil befand sich die Wohnung des Wachoffiziers.«

➢ Hermann Borrmann in: Bilder zur Geschichte des hamburgischen Amtes Ritzebüttel und der Stadt Cuxhaven (Veröffentlichung des Archivs der Stadt Cuxhaven, Bd. 10), Cuxhaven 1985, S. 41.

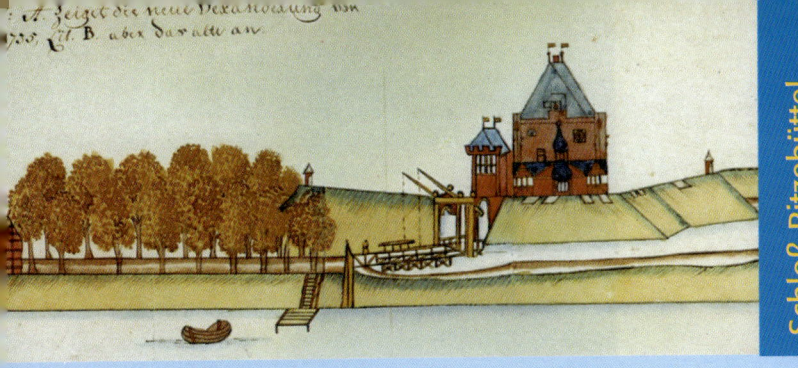

2. »Am Freitag, dem 10. August 1810, abends um 7½ Uhr trafen Ihre Königliche Majestät Hyronimus Napoleon, König von Westphalen, in Begleitung S.E. des grand Marchal du palais Grafen von Welbigerode, des Prinzen von Hessen, des Prinzen von Salm-Salm, des Grafen von Fürstenstein und mehrerer Generale und sonstiger Suite auf dem Schloße Ritzebüttel ein und geruhte die Einladung des Herrn Amtmanns Abendroth, bei ihm zu übernachten, allergnädigst anzunehmen. Bei Seiner Ankunft an der Grenze des Hamburgischen Gebietes (bei der Beeke zwischen Altenwalde und hier, wo der Grenzpfahl stehet), wurde der König mit 21 Kanonenschüssen vom Schloßwall und von der Batterie von Cuxhaven empfangen. Der König geruhte die Empfindungen des Herrn Amtmanns über das glückliche Ereignis Seiner Ankunft auf Hamburgischem Gebiet allergnädigst aufzunehmen und zogen sich, nachdem Sie in Ihren oberen Zimmern und auf dem Altane die Gegend näher in Augenschein genommen hatten, demnächst in Allerhöchst Appartements zurück.

Am Sonnabend Morgen, dem 11. August, geruhte Ihre Majestät, dem Herrn Amtmann zu erlauben, Allerhöchst Sie bei Besichtigung der Batterie am Hafen und bei Allerhöchst Ihrer Abreise bis an die Grenze zu begleiten, woselbst der Herr Amtmann, nachdem er die Stadt, das Land und sich selbst Sr. Majestät Wohlwollen empfohlen hatte, sich beurlaubte, und Sr. Königl. Majestät, nachdem Sie in gnädigsten Äußerungen allerhöchst Ihre Zufriedenheit über die gute Aufnahme kund gegeben, und nachdem Höchstdieselben noch mit 21 Kanonenschüssen begrüßt worden war, Ihre Reise nach dem benachbarten Lande Hadeln fortsetzte.«

➢ Procurator Stern über den Besuch des Königs Jeromé Napoleon, zitiert nach Hermann Borrmann: Bilder zur Geschichte des hamburgischen Amtes Ritzebüttel und der Stadt Cuxhaven (Veröffentlichung des Archivs der Stadt Cuxhaven, Bd. 10), Cuxhaven 1985, S. 54.

sentationsschloß, beides war im Verlauf der Geschichte gefragt.

Geht man von der Martinskirche parallel zur Südersteinstraße auf das Schloß zu, passiert man einen langgestreckten, zweigeschossigen Fachwerkbau. Hier, an der ehemaligen **Schloßwache**, befand sich eine Zugbrücke, die über den äußeren Burggraben führte. Zeugen der einstigen Befestigungsanlagen sind ebenfalls die beiden Kanonen beiderseits des Eingangs zur Südersteinstraße. Sie standen vormals auf dem Wall.

Seit dem Abzug der Franzosen (1813) hatte man jegliche militärische Verschanzung des Schlosses aufgegeben. Die Wälle wurden geebnet, die Gräben teilweise verschüttet und die Zugbrücken abgebrochen. Der **Schloßgarten**, durch Grundstückszukäufe noch erweitert, ist heute ein öffentlicher

Park mit sehenswertem alten Baumbestand. Seine Ursprünge gehen zurück auf den naturliebenden und kunstsinnigen **Amtmann Brockes** (Amtzeit 1735-1741), der auch für die Entstehung des Brockeswald sorgte.

Blickt man von der Südersteinstraße aus auf das Schloß, ist der barocke Vorbau des **Turms** augenfällig. Einen Vorbau erhielt der Wehrturm erstmals 1619, die Hamburger Amtsleute benötigten mehr Wohnraum. Die heutige Ausführung stammt von 1752. Das Gebäude links des Schlosses ist die frühere **Zehnt- und Viehscheune**, mittlerweile ein Wohnhaus. Und zur Rechten, gleich neben dem Eingang zum Vorplatz, befindet sich das »Amtshaus« - heute Sitz des Katasteramts.

Das Schloß selbst ist im Besitz der Stadt Cuxhaven und beherbergt die Abteilung »Bürgerkultur« des Stadtmuseums. Das historische Gemäuer wurde in den 90er Jahren aufwendig restauriert und ist unbedingt einen Besuch wert.

▶ Schloß Ritzebüttel, zwischen Südersteinstraße und Vorwerk, Tel. 04721/721812, ganzjährig geöffnet Di.-Do. 10–12 und 15–17 Uhr, Fr. 15–17 Uhr, Sa./So. 10–12 Uhr.

➤ Blick in die Eingangshalle von Schloß Ritzebüttel

Steubenhöft und Amerikahafen

Neben der Achse »Alte Liebe«–Schloß Ritzebüttel bildet das Gebiet von Amerika- und Fischereihafen ein weiteres Zentrum der Stadt.

1896 hatte man den »Neuen Hafen« östlich der Alten Liebe fertiggestellt. Ein kleiner Fischereihafen wurde hier eingerichtet. Den westlichen Hafenkopf, auch »neue Liebe« genannt, sah man als **Landungshöft für Passagierdampfer** vor. Hamburg hatte ebenfalls großes Interesse an diesem Ausbau: Der Elbe fehlte noch die erforderliche Wassertiefe, um die neuen Transatlantik-Schnelldampfer der Hamburg-Amerika-Linie jederzeit bis zum Hamburger Hafen laufen zu lassen.

Der Transfer von **Amerika-Auswanderern** avancierte für die HAPAG zunehmend zum großen Geschäft. 1900 transportierten ihre Schiffe 65.000 Auswanderer über den Atlantik, die meisten Passagiere fuhren ab Cuxhaven. Die Konsequenz dieser Entwicklung war der Bau immer größerer Schiffe. Der 1891 gebaute HAPAG-Dampfer »Bismarck« hatte noch eine Länge von 154 Metern, die nur 17 Jahre später projektierten Schiffe der »Imperator«-Klasse lagen bei 270 Metern.

Das neue Landungshöft erwies sich daher als ungenügend, kaum daß es in Betrieb war. Auch eine Verlängerung schuf nur für einen begrenzten Zeitraum Abhilfe. Es folgte die Schließung der alten Hafeneinfahrt, die Erweiterung des Amerikahafens von neun auf 42 Hek-

➤ Hoffnung auf ein besseres Leben – Einschiffung nach Amerika

Nordseebad Cuxhaven
„Neue Liebe", Einschiffung der Passagiere eines Amerika-Dampfers

tar Fläche und der Bau des 400 Meter langen Steubenhöfts.

Die glanzvollsten Traumschiffe aus der Ära der Transatlantik-Dampfer machten hier fest, ihre Passagiere reisten per Bahn bis an den Anleger und wurden in den langen **HAPAG-Hallen** abgefertigt. »Mein Feld ist die Welt« hieß der Wahlspruch über dem Hallenportal, und tatsächlich hat dieser spielerische Übergang von einem Verkehrsmittel auf das andere – vor allem mit der Aussicht, mal eben den halben Globus zu umrunden – etwas Berauschendes.

Die Jahre der beiden **Weltkriege** unterbrachen den Verkehr am Steubenhöft. Doch erst die Ausweitung des Flugverkehrs sorgte in den 70er Jahren für das vorläufige Aus der Nordatlantik-Passagierlinien. Nur gelegentlich noch laufen zwischen April und August Kreuzfahrtschiffe das Steubenhöft an. Die meiste Zeit liegt der Kai verlassen, von den HAPAG-Hallen blättert die Farbe. 1992 gab Hamburg den Amerikahafen an das Land Niedersachsen ab. Ein zukunftsträchtiges **Konzept** für das Areal fehlt noch. Trotzdem bietet das Höft einen reizvollen Spaziergang am Strom, dort, wo Hunderttausende Auswanderer zum letzten Mal heimatlichen Boden betraten.

Der Seefischmarkt

Geht man vom Wasserturm links am Bahnhof vorbei auf die Neufelder Straße zu, hat man ihn bald in der Nase – den Fischgeruch, der zu diesem Teil Cuxhavens gehört wie der Eiffelturm zu Paris.

➤ Fernweh treibt die Besucher ans Steubenhöft

Der **Seefischmarkt**, 1908 gegründet, galt fast das ganze Jahrhundert über als tragende Stütze Cuxhavener Wirtschaftskraft, abgesehen von weltkriegsbedingten Einbrüchen. Leider ließ die **internationale Krise** der Fischereiindustrie auch diesen Standort nicht ungeschoren. Die Geschäfte gingen in den letzten Jahren stark zurück, und seither verringerte sich die **einheimische Fangflotte** kontinuierlich.

Trotzdem ist zwischen Kais, Fabriken und Lagerhallen noch immer genug Betrieb, um dem Besucher – speziell dem Binnenländer – ein sehenswertes Spektakel zu bieten. Das bunte Angebot kleiner Läden, die zwischen den Schuppen und Hallen untergebracht sind, steigert zusätzlich den Reiz. **Fischgeschäfte** bieten die Schätze des Meeres frisch oder gefroren feil und offerieren einen Verpackungsservice, der es dem Käufer ermöglicht, seinen »Fang« ohne Qualitätsverlust auch auf einer längeren Heimreise zu transportieren.

Eine besondere Attraktion erfordert frühes Aufstehen: Sind Fänge angelandet worden, beginnt um 7.00 Uhr die **Fischauktion** in Halle XI. Auf dem Hallenboden stehen die Kisten mit dem Fisch, nach Art und Größe gruppiert und argwöhnisch inspiziert von der Einkäuferschar. Der Auktionator thront auf einem hochrädrigen Karren. Den musealen Charakter dieses ehrwürdigen Gefährts trübt auch nicht die darauf installierte Flüstertüte, die den für Laien kaum verständlichen Singsang des Auktionators quäkend verstärkt.

Ist der Verkauf einer Kistenabteilung abgewickelt, erscheint ein Helfer und waltet stoisch seines »bewegenden« Amtes: Er packt den Karren an der Deichsel und zieht ihn zur nächsten Abteilung. Dieses traditionelle Element steht im schönsten Kontrast zu den Accessoires der Käufer, die – Börsenmaklern gleich – mit Funktelefonen am Ohr dem historischen Wägelchen gegenüberstehen.

Wer über den bloßen Anblick hinaus mehr über den Seefischmarkt erfahren möchte, sollte sich einer der im Sommer regelmäßig stattfindenden **Führungen** anschließen. Achtung: Nicht täglich finden Fischauktionen statt, sie sind fang- und wetterabhängig. Fällt die Auktion aus, wird die Führung um eine Dia-Show ergänzt.

- Fischauktion Halle XI, Niedersachsenstraße, Beginn: 7 Uhr (ganzjährig), Vorabinformation unter Tel. 04721/601166. Hinweise finden sich auch in den »Cuxhavener Nachrichten«.
- Führung durch den Seefischmarkt, Treffpunkt Halle X um 6.45 Uhr, veranstaltet vom 15. Mai bis 30. September am Di./Mi./Do., im Juli und August zusätzlich montags.

»Hohe Luft« in Cuxhaven

von Wilfried Brandes

In der Nähe des Bahnhofs und am Rande des alten Fischereihafens liegt eine der letzten maritimen Gaststätten Cuxhavens. An dieser Stelle war der höchste und trokkenste Fleck Land, wenn ein über die Ufer steigendes Hochwasser nach allen Seiten wieder ablief. Deshalb der Name »Hohe Luft«! 1920 wurde hier von Robert Hagedorn und seiner Frau ein kleiner hölzerner Kiosk mit allerei Rauchwaren gegründet. Fünf Jahre später wurde das **Gasthaus Robert Hagedorn** (der Schriftzug »Hohe Luft« prangte erst später an der Fassade über der Eingangstür) mit

zwei Räumen eröffnet. In dem kleineren Raum trafen sich die örtlichen Fischhändler nach der Auktion im nahen Fischereihafen. Die Bestellung erfolgte über eine spezielle Klingel. In dem größeren Schankraum gab es ein Foto-Panoptikum erfolgreicher Kapitäne und deren Besatzungen. Bei den Gästen, die größtenteils aus dem Fischereihafen und der Hochseefischerei stammten, ging es dann immer um »dicke Büdels, Glückschippers, Prozente, Tran und Rogen«.

Die Gaststätte war eine rege Kontaktbörse. Hier konnten die See-

➤ Die Cuxhavener Pieranlage in den 70er Jahren

➤ Die Gaststätte Robert Hagedorn in den 30er Jahren, in der Tür das Ehepaar Hagedorn

mannsfrauen z.B. erfahren, wann die Schiffe ihrer Männer einliefen. Auch das begehrte Trangeld wurde hier bis in die 50er Jahre von den Steuerleuten an die Besatzungen bar ausgezahlt. Damit konnten dann einige Stammgäste alte Rechnungen bezahlen. Als die Zeit der Heckfänger mit ihren langen Reisen begann und die Ära der Fischdampfer zu Ende ging, wurde es weniger mit den tollen Geschichten von der Barentsee bis nach Grönland.

Nachdem der letzte Fischauktionator in Ruhestand gegangen war und der kleinere Raum nicht mehr für die Gespräche der Fischhändler benötigt wurde, begann die Renovierung. Heute ist es ein großer und gemütlicher Raum, in dem sich die Stammgäste noch alte Geschichten aus der Hochseefischerei und von dem regen Treiben im Fi-

schereihafen erzählen. Auch Nordsee-Pensionäre sind schon mal mit von der Partie, wenn es heißt: »Weißt du noch«. Heute wird die Gaststätte in der dritten Generation von Hans Rundspaden, Jahrgang 1931, geführt, der selbst zwölf Jahre – davon einige auf Fischdampfern – zur See gefahren ist. Obwohl die »Hohe Luft« von Autostraßen umgeben ist, spürt man hier noch die Atmosphäre einer Zeit, als die Hochseefischerei in Cuxhaven eine größere Rolle gespielt hat.

Ausflüge
in die Umgebung

➤ Die Kugelbake liegt exponiert am Ende
eines 250 Meter langen Steindamms

Ausflüge rund um Cuxhaven

Sehenswertes gibt es nicht allein in Cuxhavens Zentrum. Viele der alten Dörfer, die heute nach ihrem Zusammenschluß ein gemeinsames Stadtgebiet bilden, bieten dem Besucher interessante Ziele. Auch die Cuxhavener **Kurteile**, die nicht unmittelbar an einem der langen Sandstränden liegen, gelten als beliebte Ferienziele. Gute Gründe sprechen für einen Urlaub in Berensch-Arensch, Oxstedt, Holte-Spangen oder Altenwalde. Die Kurtaxe fällt geringer aus als in Döse oder Duhnen. Wer nicht auf einen reinen Strandurlaub erpicht ist, findet hier die schönsten **Wander-, Reit- und Radwege**. Ruhiger Urlaub auf dem Lande – vielleicht auf einem Bauernhof – mit der Möglichkeit, jederzeit einen Badeausflug zur nahegelegenen Küste unternehmen zu können, ist für Familien mit Kindern eine echte Alternative zum Hochsaison-Trubel am Strand.

Die wald- und heidereiche Übergangslandschaft zwischen Geest und Marsch ist abwechslungsreich und reizvoll. Bei Reitern steht das Gebiet hoch im Kurs. Viele **Pferdefreunde** verbringen hier Reiterferien oder haben sogar das ganze Jahr über eigene Tiere auf umliegenden Höfen »in Pension«. Im Cuxhavener Hinterland setzt man auf aktive Erholung. Altenwalde besitzt beispielsweise ein eigenes Kurmittelhaus und ein Schwimmbad. In Oxstedt findet man neben einem Freibad sogar einen 62 Hektar großen 18-Loch-Golfplatz!

Im folgenden stellen wir interessante Ausflugsziele rund um Cuxhaven vor, die in jedem Fall einen Abstecher lohnen.

Altenbruch

Erst 1972 wurde Altenbruch zum Cuxhavener Ortsteil. Einst zählte es als westlichste Ortschaft zum Land Hadeln und hatte den Ruf des vornehmsten Dorfes weit und breit. Noch heute besticht Altenbruch durch die Vielzahl gediegen ausgeführter **Villen**. Es wirkt weder wie ein Bauerndorf noch wie eine Stadt, aber es hat die Vorzüge beider Varianten: Eine malerisch-ländliche Lage zwischen Elbe und Altenbrucher Kanal und einen urbanen Kern um die Kirche.

Altenbruchs idyllischste Seite liegt am Deich. Der kleine **Hafen** ist idealer Ausgangs- und Endpunkt ausgedehnter Deichwanderungen, nicht zuletzt wegen des originellen Gasthauses »Zur Schleuse«: Es ist auf Stelzen gebaut, der Gast sitzt gemütlich auf Deichkantenhöhe und genießt Kaffee, Kuchen und Panorama.

➤ Blick in den Hafen von Altenbruch

Otterndorf war Hauptstadt des Hadelner Landes, aber in Altenbruch verwahrte man Archiv und Siegel, hielt Markt ab und versammelte sich hier bis um 1600 zur Ständeberatung. Der Ort steckt voller Eigenheiten, die augenfälligste ist die Kirche.

St.-Nicolai-Kirche

Zwei Turmspitzen ragen weithin erkennbar über das flache Land. Vor der Kirche stehend sieht man, daß beide Spitzen einen einzigen, mächtigen Turm krönen. Dennoch sind es zwei Türme, denn einige Schritte neben dem eigentlichen Kirchenbau steht ein **hölzerner Glockenturm**.

Das exakte Baudatum ist unbekannt. 1280 wird erstmals urkundlich ein Pfarrer für Altenbruch erwähnt, man hält die **Kirchengründung** etwa um 1200 herum für wahrscheinlich. Die Konturen dieses ursprünglichen Baus sind an der heutigen Außenansicht nachzuvollziehen. Er bestand aus dem Turm und dem anschließenden niedrigeren Teil des Kirchenschiffs. Ein wenig von dem **Feldsteinmauerwerk** dieses romanischen Baus ist vor allem an der Südseite von Turm und Schiff noch zu sehen. Erst 1493/94 kam es zur Erweiterung von St. Nicolai durch einen ostwärts angebauten Hallenchor. 1727/28 brach man diesen mittlerweile einsturzgefährdeten Teil ab und ersetzte ihn durch den heutigen **barocken Chor**.

Die 45 Meter hohe **Doppelspitze** diente nicht allein sakralen Zwek-ken, sondern erfüllte eine handfeste nautische Funktion. Die Elbschiffer benutzten sie bis ins 20. Jahrhundert hinein als Orientierungshilfe. Schließlich bietet ihr Anblick vom Wasser aus ein ähnlich markantes **Seezeichen**. Für die Installation großer Glocken war die Doppelspitze weniger geeignet. 1646 errichtete man daher den hölzernen Glockenturm, der noch heute in Betrieb ist.

Das Bild der Kirche gibt Zeugnis vom Wohlstand Altenbrucher Bauern früherer Jahrhunderte, und die **Inneneinrichtung** bestätigt diesen Eindruck. Das Gestühl, überwiegend aus dem 18. Jahrhundert stammend, ist prächtig bemalt mit Wappen, Blumen, Ranken und Bildsprüchen. Hier saßen die Frauen. Der Platz für die Männer war in den abgeschlossenen Hochstühlen, die einerseits ihre dominierende Rolle unterstrichen, vor allem aber genügend Sichtschutz boten, um unbemerkt von Pfarrer und Eheweib den Gottesdienst über eine Außentreppe zu verlassen und den sonntäglichen Wirtshausbesuch ein wenig vorzuverlegen.

Der geschnitzte **Flügelaltar** unbekannter Herkunft gilt als bedeutendstes Altarwerk des Hadelner Landes. Den Altarraum umziehen Chorschranken, in deren Mitte die **Kanzel** als Portalbau eingefügt wurde. Diese ungewöhnliche Konstruktion hat schon zum Vergleich der Altenbrucher Kanzel mit einer Schiffs-Kommandobrücke geführt – ein schlüssiges Bild für ein Dorf am Schiffahrtsweg.

➤ Blick in den Chor von St.-Nicolai

14 an den Seitenwänden hängende Votivgemälde – die meisten gefertigt von Samuel Becker – stammen aus dem 17. Jahrhundert. Den Abschluß an der Nordseite bildet die große **Orgel**, die Johan Hinrich Klappmeyer, ein Schüler Arp Schnitgers, schuf.

»Bauerndom« nennt der Volksmund die St.-Nicolai-Kirche, leicht schmunzelnd über die Prunksucht der früheren Altenbrucher. Doch die Verzierungen und Schnörkel, deren Anbringung einst sicher nicht ganz ohne Anflug von Eitelkeit erfolgte – schließlich neigte man schon immer dazu, zu zeigen, was man hat –, fügen sich zu einem eindrucksvollen Gesamtkunstwerk.

▶ St.-Nicolai-Kirche, Besichtigung Mai bis Mitte Oktober täglich 14–17 Uhr, sonst nach Absprache mit dem Kirchenbüro (Tel. 04722/2514).

Villa Gehben

Gegenüber der Kirche steht am **Alten Weg** eine wuchtige Villa. »Deutsche Art treu bewahrt« ziert als Wahlspruch den Giebel, obwohl die übergroß dimensionierten Fenster und ein Türmchen mit pagodenartigem Dach alles andere als teutonisch wirken.

Tatsächlich war der Auftraggeber auch entsetzt, als er das vorher unbesichtigte Haus erstmals in Augenschein nahm. Was heutige Betrachter als ästhetisch, großzügig oder wenigstens kurios empfinden,

67

muß für **Ernst Gehben** ein herber Schock gewesen sein.

Mitte des 19. Jahrhunderts emigrierte der 15jährige Altenbrucher nach Nordamerika und vollzog die klassische Karriere vom Hilfsarbeiter zum Millionär. Ebenso klassisch erscheint in seinem Lebensplan, daß er erst in älteren Jahren an eine Familiengründung dachte. In alter Heimatverbundenheit ehelichte Gehben eine Altenbrucher Bauerntochter und bezog mit ihr eine Farm in New Jersey. Nun begannen die Komplikationen. Die junge Frau Gehben lebte sich in der neuen Umgebung nicht ein und litt permanent unter Heimweh. Ernst Gehben, der sich vom Geschäftsleben ohnehin zurückgezogen hatte, zog die Konsequenz: Er beauftragte seinen Schwiegervater mit dem Erwerb eines Grundstücks in Altenbruch und einen befreundeten Architekten namens **Achmed Steinmetz** mit dem Entwurf eines Alterssitzes.

Steinmetz arbeitete prompt und schickte die Pläne zum Auftraggeber, der sie an die New Yorker **Tiffany-Company** weiterreichte, die zwei Fenster für das Haus kreieren sollte. Und dort geschah das Malheur: In Unkenntnis deutscher Längenmaße »verbesserte« man die in Meter angegebenen Proportionen des Bauplans. Statt eines Meters veranschlagte man mit amerikanischer Großzügigkeit vier englische Fuß – 32 Zentimeter mehr als geplant.

Die geänderten Pläne gelangten retour zum Architekten, und Steinmetz, der die neuen Maße für einen skurrilen Wunsch seines transatlantischen Kunden hielt, führte die Vorgabe getreulich aus, nicht ohne noch viele Stunden mit komplizierten Umrechnungen einzelner Details auf das neue Format beschäftigt zu sein...

Vermutlich kurz vor dem Nervenzusammenbruch war der Architekt, als schließlich aus New York, 5th Avenue, die schmucken Glasfenster für das Vestibül geliefert wurden. Mittlerweile hatte man nämlich bei Tiffany offenbar das Know-How bezüglich fremder Maßeinheiten erweitert, denn die Fenster waren korrekt nach der ursprünglichen Metervorgabe gefertigt und daher für die überdimensionierten Fensteröffnungen zu klein. Eine Glasbordüre schuf flugs Abhilfe – an Phantasie mangelte es dem Architekten glücklicherweise nicht.

1908 bezog Ernst Gehben die Villa, über die er, gelinde gesagt, nicht sehr glücklich war. Dennoch blieb er hier bis zu seinem Tod 1916, seine Frau verstarb bereits vier Jahre früher.

Nach unterschiedlichster Nutzung der Räumlichkeiten (u.a. als Rathaus) übernahm **1972** die Stadt Cuxhaven im Zuge der Eingemeindung Altenbruchs die Villa Gehben. Einer **Grundinstandsetzung** folgte die noch nicht abgeschlossene zeitgemäße Möblierung, die eine Innenbesichtigung lohnt.

Das Betreten der Villa ist grundsätzlich möglich, öffentliche Stellen der Verwaltung und der Stadtbibliothek haben hier ihren Sitz.

➤ *Ein prachtvoller Jugendstilbau – die Villa Gehben*

Prachträume wie der »Blaue Salon«, eingerichtet für 80 Personen, werden für **Lesungen, Konzerte und Ausstellungen** benutzt und machen durch ihr Ambiente diese Veranstaltungen zum besonderen Erlebnis.

🔹 **Villa Gehben, Alter Weg 18, 27478 Cuxhaven, Veranstaltungsinformationen gibt es bei der Touristik GmbH Altenbruch unter Tel. 04722/341.**

U-Boot-Archiv

Sehr speziell, aber nicht minder interessant ist das **Altenbrucher U-Boot-Archiv**. Der Bestand geht zurück auf die private Sammlung des ehemaligen U-Boot-Wachoffiziers Horst Bredow. Das Archiv beinhaltet ca. 50.000 Fotos, technische Informationen über sämtliche U-Boottypen aller Zeiten sowie eine umfassende Fachbibliothek.

Diese einmalige Einrichtung ist nur Fachbesuchern nach Vereinbarung zugänglich, doch eine angegliederte Sammlung mit Expona-

69

ten aus der Welt der Unterseeboote ist öffentlich zugänglich und eintrittsfrei.

▶ **Stiftung Traditionsarchiv Unterseeboote, Altenbrucher Bahnhofstr. 57, 27478 Cuxhaven, Tel. 04722/322, geöffnet vom 1. April bis 30. September, Besichtigung nur nach Vereinbarung.**

Internationales Drachenfestival

Ein großes Ereignis in Altenbruch ist das alljährlich an einem **Augustwochenende** veranstaltete Drachenfestival. Schauplatz des Spektakels ist ein Areal am Deich in Hafennähe. Die bunten Farben der phantasievollen Drachenkonstruktionen vor der Kulisse von grünem Gras und blauem Himmel geben ein prächtiges Bild ab. Drachenfans aus aller Welt treffen sich hier zum Fachsimpeln und Feiern – der gesellige Teil wird großgeschrieben. Schon freitags startet die Veranstaltung mit einem **Open-Air-Konzert** unter dem bezeichnenden Motto »30.000 Watt am Watt«. Viele Besucher bleiben in Zelten oder Wohnmobilen das ganze Wochenende auf dem Gelände, um keine Attraktion bei Deutschlands größtem Drachenfestival zu versäumen.

▶ **Informationen: Touristik GmbH Altenbruch, Alter Weg 18, 27478 Cuxhaven, Tel. 04722/341.**

Bojenbad

Östlich des Hafens befindet sich das Altenbrucher Bojenbad. Vom **1. Juni bis zum 31. August** kann hier innerhalb eines durch Bojen markierten Abschnitts gebadet werden. Ein ganz neues Gefühl für passionierte Badewannenkapitäne: Statt mit den obligaten Modellschiffchen teilt man das Badewasser mit ausgewachsenen Containerfrachtern, die in nächster Nähe vorüberrauschen. Die Badezeit ist allerdings **tidenabhängig**. Sie beginnt jeweils eine Stunde vor Hochwasser und endet eine Stunde danach.

> ➤ Kurpark und Fort Kugelbake aus der Luft

Döse

Als aus Cuxhaven 1907 eine Stadt wurde, gehörte Döse schon dazu. Das Dorf ist vermutlich mit seinem Vorläufer Steinmarne eine der frühesten Besiedlungsstätten der Region, älter noch als Ritzebüttel. Nachweislich waren die Döser um 1100 n.Chr. am Bau des **Hadeler Seebanddeiches** beteiligt, der sich von Duhnen bis zur Ostemündung erstreckte und als technische Meisterleistung des Mittelalters gilt. Heute ist Döse ein Mittelpunkt des Ferienbetriebs. Das liegt zum einen an dem langen **Sandstrand**, zum anderen daran, daß hier mit

der Kugelbake-Halle und der Kurparkhalle das größte **Veranstaltungszentrum** weit und breit »vor Ort« ist.

Ganzjährig finden hier Gastspiele nationaler und internationaler Bühnen statt. Geboten wird ein abwechslungsreiches **Programm** von Oper bis Varieté. Außerdem finden Messen und Kongresse statt. Einen jährlichen Höhepunkt bildet das am zweiten Septemberwochenende stattfindende Straßenfest **»Op no Dös«**. Rund um die Döser Kirche herrscht für zwei Tage buntes Treiben mit Trödelmarkt, Jazz-Frühschoppen und Popkonzert.

▸ Kugelbake-Halle, Strandstr. 80, Tel. 04721/408-0; Veranstaltungsansage: 04721/408189. Kartenvorverkauf: Mo.-Do. 10–12 und 14–16 Uhr, Fr 10–12 Uhr, Tel. 04721/408188.

Fort Kugelbake

Zwischen dem Veranstaltungszentrum und der Kugelbake liegen am Döser Strand die **Reste militärischer Befestigungen** – das Fort Kugelbake. Es geht zurück auf das 1804–1813 von napoleonischen Besatzungstruppen gebaute Fort Balise und wurde nach dem Deutsch-Französischen Krieg 1870/71 im Auftrag der Reichsregierung zur Seefestung erweitert.

Die wuchtigen, teilweise überwucherten Wälle, Kasematten und Laufgräben bieten inmitten der heute so friedlichen Urlaubsland-

71

Die Kugelbake – »Letzte Ecke vor Amerika«

Das bizarre Seezeichen am Döser Strand ist zum Wahrzeichen der ganzen Stadt geworden. Sogar zum offiziellen Emblem: Das Cuxhavener Stadtwappen zeigt die schwarze Kugelbake wasserumspült auf goldenem Grund.

Wann genau erstmals eine Bake an dieser Stelle errichtet wurde, ist unklar. Verbürgt ist das Seezeichen ab Anfang des 18. Jahrhunderts. Eine Navigationshilfe hat es hier sicher schon früher gegeben, denn diese Stelle bildet die offizielle Grenze zwischen Nordsee und Elbe. Exponiert am Ende des 250 Meter langen Steindamms gelegen, kam die Bake im Laufe der Jahre mehrmals durch Sturm, Flut oder Eisgang zu Schaden. Das heutige, knapp 30 Meter hohe Exemplar hält immerhin seit 1898. Die beiden Kugeln im Top gaben der Bake ihren Namen. Für die Seeleute galt die Kugelbake jahrhundertelang als wichtige Orientierungshilfe, für viele Auswanderer als letzter Heimatgruß und »letzte Ecke vor Amerika«. Im Zeitalter der Radarlotsung ist die Bedeutung ihrer nautischen Funktion stark gesunken, doch die Beliebtheit dieses originellen Seezeichens ist geblieben.

schaft ein bizarres Bild. Auf dem zentralen Platz der Anlage wird erfreulicherweise längst nicht mehr Rekruten der Marsch geblasen, sondern freiwilliges Publikum mit Open-Air-Konzerten aller Art verwöhnt.

▸ Fort Kukelbake, Strandstr. 80, 27476 Cuxhaven, Tel. 04721/ 408188, Führungen ganzjährig nach Voranmeldung.

➤ Rechts: Die Kurpromenade von Duhnen

➤ Folgende Seiten: Am Strand von Duhnen

Duhnen

Das traditionsreiche **einstige Fischerdorf** steht heute ganz im Zeichen des Kurbetriebs. In dem wohl bekanntesten Cuxhavener Kurteil wird dem Gast von der Jugendherberge bis zur Luxus-Suite jede Art von Unterkunft geboten. Das eigentliche Dorf ist hinter der Kulisse von Ferienhäusern, Pensionen und Apartementblocks untergegangen. Doch wer hier Urlaub macht, will ohnehin vor allem das **Strandleben** genießen, für das Duhnen berühmt ist.

Schon 1904 galt Duhnen als Badeort. Man besaß bereits ein Kurhaus und veranstaltete Kurkonzerte. Ein Duhner namens Lindner vermietete die ersten Strandkörbe, auf die sogar ein »Deutsches Reichspatent« erteilt wurde – mittels eines Rollvorhangs ließ sich der Korb zu einer Umkleidekabine umfunktionieren.

Schlummern im Strandkorb oder im Sand, Wattwandern und Baden sind gesuchte Möglichkeiten der Erholung. Textilfrei badet man an dem eigens eingerichteten **FKK-Strandabschnitt** südlich des Kurmittelhauses, vom Volksmund neckisch »Nackeduhnien« genannt. Der kinderfreundliche Sandstrand fällt flach ab, für Eltern beruhigend zu wissen. Und falls das Wetter einmal nicht mitspielt, gibt es in Duhnen Unterhaltungsangebote genug, um keine Langeweile aufkommen zu lassen.

Informationen und Beratung erteilt die Kurverwaltung, die ihren Sitz in Duhnen hat. Eintrittskarten für Veranstaltungen können hier bestellt werden.

▶ Touristik GmbH Duhnen, Cuxhavener Str. 92, 27476 Cuxhaven, Tel. 04721/43040, Fax 43044, E-mail: info@duhnen.de

Duhner Wattrennen

Jedes Jahr an einem Sonntag im **Juli** wird aus dem Duhner Familienstrand eine Rennbahn. Schlammbespritzt rasen Pferde und Reiter entlang der Wasserkante dem Ziel entgegen. Sulkys graben Spuren in den Meeresboden, wo sonst bedächtig die Wattwagen verkehren. Und wer normalerweise erholungshalber jede Aufregung vermeidet,

75

steht bei dieser Gelegenheit am Totalisator und zockt.

Seit **1902** hat das Duhner Wattrennen Tradition, eine gelungene Mischung aus Volksfest und sportlicher Veranstaltung. Der sportliche Wert der Rennen ist nicht zu unterschätzen. Es geht nicht bloß um die Ehre, sondern um teilweise erhebliche **Preisgelder**, und so geht es richtig »zur Sache«.

So ungewöhnlich das Geläuf auch ist – für die Pferde ist es keine Quälerei. Tatsächlich gilt das Watt für Rennpferde sogar als ideales Trainingsgebiet, denn der weiche Boden stärkt die Muskulatur und schont gleichzeitig wegen seiner Nachgiebigkeit die empfindlichen Gelenke der Tiere.

Das Duhner Wattrennen ist im doppelten Sinn ein Rennen gegen die Uhr, denn die Rennen müssen abgewickelt sein, bevor das Geläuf vom Hochwasser völlig überspült ist. Vor dem letzten Start ist meist vom Boden nicht mehr viel zu sehen, und die hinteren Akteure verschwinden in einer Wand aus wirbelnder Gischt.

Schiffsmuseum Duhnen

Nicht nur an Regentagen ist Peter Webers »Schiffsmuseum« eine hochrangige Attraktion: Die 1200 Exponate umfassende Sammlung ist ein Kuriositätenkabinett, dessen Besuch sogar notorischen Almdudlern ein Gefühl für die Christliche Seefahrt vermittelt.

Da steht das im Guinessbuch notierte größte Buddelschiff der Welt (in einer 129-Liter-Flasche) neben einer maritimen Mini-Miniatur (die Buddel ist in diesem Fall eine wenige Millimeter »große« Pipette). Bilder, Schnitzereien und jede Menge nautisches Gerät runden die 200 qm große Ausstellung ab.

▶ **Schiffsmuseum Duhnen, Wehrbergsweg 7, Tel. 04721/48158, geöffnet 1. März bis 30. Oktober tägl. 10–13 und 15–18 Uhr, Führungen nach Vereinbarung.**

Die »Wattenpost«

Eine **Wattwagenfahrt nach Neuwerk** ist ein besonderes Erlebnis, ein »Muß« für jeden Cuxhaven-Urlauber. Mehrere Veranstalter in allen Kurteilen bieten Fahrten an, in der Hauptsaison sind bis zu 45 Wagen im Einsatz. Der Wattenweg nach Neuwerk ist von Duhnen aus mit zwölf Kilometern (Fahrtzeit ca. 1 Std. 15 Min.) etwas länger als der ab Sahlenburg (zehn Kilometer, Fahrtzeit ca. 1 Std.).

Die **Wattwagenlenker** sind versierte Führer im Watt. Ihr Beruf ist beileibe kein Touristen-Gelegenheitsjob. Nur wer bestimmte Ausbildungsstufen durchlaufen und jeweils erfolgreich eine Prüfung absolviert hat, wird als Fahrer zugelassen. Die Einschätzung von Wetterumschwüngen, höher einsetzender Flut oder Prieltiefe will eben gelernt sein. Sicherheit ist oberstes Gebot. Dazu gehört auch, daß die Wattwagen öfter vom TÜV auf Mängel untersucht werden als normale Kraftfahrzeuge – einmal jährlich.

Wattwagen gehören seit über 100 Jahren zum Strandbild Duhnens. 1885 erledigte der Postreiter Christian Brütt seinen Dienstweg nach Neuwerk erstmals mit seinem Akkerwagen. Es dauerte nicht lange, bis auch Badegäste Gefallen an dieser Transportmöglichkeit nach Neuwerk fanden – der Wattwagen als Touristenattraktion war geboren. Der **Postdienst** blieb weiter in Händen der Familie Brütt, deren Wagen bis zum heutigen Tag das offizielle Posthorn ziert. Noch immer stellt die Brütt'sche Kutsche den einzigen Weg dar, auf dem die Neuwerker ihre Post zugestellt bekommen – in einer Welt der High-Tech-Kommunikation eine nostalgische Kuriosität ersten Ranges.

Besonders für Gäste, die Cuxhaven außerhalb der Saison zu einer Zeit besuchen, da alle anderen Veranstalter den Wattwagenbetrieb ruhen lassen, bietet die Wattenpost Gelegenheit, doch noch zu dem Erlebnis einer Neuwerk-Fahrt mit Pferd und Wagen zu gelangen. Jan Brütt, Postkutscher der mittlerweile 5. Generation, fährt, wenn Eisgang, Wind und Wetter es zulassen, zu jeder Jahreszeit.

❧ **Wattenpost: Jan Brütt, Duhner Strandstr. 19, Tel. 04721/48139.**

➢ Die Wattenpost in Aktion

»ahoi!«-Erlebnisbad

Eine gute Schlechtwetter-Alternative zum Strand ist das »ahoi!«-Erlebnisbad im Herzen von Duhnen. Bei 27°C Wassertemperatur hat man die Nordsee richtig gern, und die Panoramaaussicht über Strand und Meer bis Neuwerk steigert das erfreuliche Erlebnis noch. Im Frühjahr 2000 wurde das einstige Meerwasser-Brandungs-Hallenbad zur modernen **Erlebnis-Therme** umgebaut. Entstanden ist ein Spaßbad der Extra-Klasse: Jetzt können sich die Badegäste zwischen Geysiren, Schwallbrausen, Sprudelsitzen und einem Wasserfall tummeln. Riesenrutsche, Kinderparadies, Saunalandschaft und gepflegte Gastronomie runden das Angebot ab.

▶ »ahoi!«-Erlebnisbad, Wehrbergsweg 32, Tel. 04721/420230. Die aktuellen Öffnungszeiten findet man im Veranstaltungskalender »Cux-Tips«.

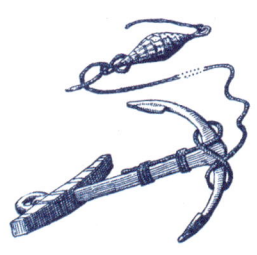

Grimmershörn

Ein weiteres Badeerlebnis besonderer Art bietet der Besuch des Bojenbads Grimmershörn. Es liegt nur wenig westlich der Alten Liebe geschützt in der **Grimmershörn-Bucht** an einem Grünstrand. Ausblick auf den lebhaften Schiffsverkehr ist hier garantiert.

Kurzweil garantiert ebenfalls die Nachbarschaft von Fährhafen, Seebäderbrücke und RoRo-Terminal – was kann schöner sein, als im Strandkorb zu liegen und anderen bei der Arbeit zuzusehen? Autos werden verladen, Lastwagen rollen samt aufliegender Container in den Bauch großer Schiffe, und in den Sommermonaten verkehren im **Fährhafen** die Seebäderschiffe. Da nimmt man gern in Kauf, daß im Bojenbad Grimmershörn ebenso wie in Altenbruch nur im Zeitraum von einer Stunde vor bis einer Stunde nach dem Hochwasser gebadet werden kann, zumal es die zentrale Lage erlaubt, an das Badevergnügen einen **Stadtbummel** anzuschließen.

Die Grimmershörn-Bucht ist auch die Kulisse für den alljährlich im Juli zelebrierten **»Sommerabend am Meer«**, ein romantisch-vergnügtes Fest mit Showprogramm, illuminierten Booten und Feuerwerk.

▶ Bojenbad Grimmershörn, geöffnet vom 1. Juni bis 31. August.

➤ Das Bojenbad Grimmershörn

Lüdingworth

Fährt man auf der Straße entlang des Altenbrucher Kanalufers südwärts, ist der Lüdingworther Kirchturm fast von Beginn an in Sichtweite. Lüdingworth zählt ebenso wie das benachbarte Altenbruch, mit dem zusammen es 1972 Cuxhavener Stadtteil wurde, zu den ältesten Gemeinden der Region. Schon **1289** fand es als Kirchspiel urkundlich Erwähnung.

Die Endsilbe »-worth« belegt, daß die ursprüngliche Ansiedlung auf Zeiten zurückgeht, da die Marschbevölkerung ihre Anwesen auf flutsicheren Hügeln, den **Wurten**, anlegte. Auch heute noch ist die Wurt, auf deren höchstem Punkt die Kirche errichtet ist, gut zu erkennen.

Landwirtschaftliche Betriebe prägen das Ortsbild, das touristische Motto Lüdingworths lautet »Urlaub auf dem Bauernhof«. Die hiesige Architektur ist deutlich unspektakulärer als die Altenbruchs. Dafür kann man mit einem berühmten Sohn renommieren. Am 17. März 1733 wurde in Lüdingworth **Carsten Niebuhr** geboren, ein Forschungsreisender des 18. Jahrhunderts. 1761 gehörte er einer Gruppe von Wissenschaftlern an, die im Auftrag des dänischen Königs den Orient besuchte. Während der siebenjährigen Reise, die er übrigens als einziger der Gruppe überlebte, zeichnete er die Ruinen von Persepolis und leistete Vorarbeiten für die Erforschung der Keilschrift.

79

Niebuhr war nicht nur ein guter Beobachter, sondern auch ein glänzender Erzähler, der über seine Erlebnisse fabulieren konnte wie Karl Mays »Kara Ben Nemsi«. Legende ist seine **Anekdote**, wie er eines Tages als Gast im Zelt eines arabischen Beduinenscheichs weilte und unfreiwillig Zeuge einer lautstarken Auseinandersetzung zwischen dem Zeltherrn und einer Sklavin wurde. Kaum daß der schnaubende Scheich das Zelt verlassen hatte, rief ihm die Frau im schönsten Hadeler Dialekt nach: »Du ole Bullerballer!« Es erwies sich, daß sie ebenso wie Niebuhr aus Lüdingworth stammte, auf einer Reise nach Surinam von Seeräubern gefangen genommen und in den Orient verkauft wurde. Niebuhr redete ihr zu, sie solle doch mit ihm in die Heimat zurück, doch vergeblich: Sie hatte sich bereits so sehr an ihren »olen Bullerballer« gewöhnt.

Carsten Niebuhr starb 1815 nach bewegtem Reiseleben als dänischer Etatsrat und Mitglied zahlreicher gelehrter Gesellschaften in Meldorf /Holstein. Eine Gedächtnistafel an der Nordwand der Lüdingworther Kirche erinnert an ihn.

St.-Jacobi-Kirche

Wie St. Nicolai in Altenbruch ist auch die St.-Jacobi-Kirche ein vermutlich um das Jahr 1200 entstandener romanischer Feldsteinbau. Die einschiffige Kirche wurde im 16. Jahrhundert um einen dreischiffigen, quadratischen Hallenchor ergänzt. In dessen Ostwand sind 36 **Familienwappen** aus Sandstein eingefügt – Zeichen des Selbstbewußtseins und Wohlstands des freien bäuerlichen Standes, der mit Geld und tatkräftiger Hilfe den Anbau ermöglichte.

Etwa zur selben Zeit errichtete man an der Westwand den auf Spickpfählen gegründeten **Turm**. Der unsichere Baugrund erwies sich jedoch bis heute als stete Ursche regelmäßig erforderlicher Reparaturen, die meist – wiederum wie in Altenbruch – mit Backsteinen ausgeführt wurden.

Den **Innenraum** der Kirche überspannt eine Holzbalkendecke. Die gesamte Fläche der in 16 Felder unterteilten Decke ist mit Malereien geschmückt, die gegen Ende des 16. Jahrhunderts entstanden. Rundmedaillons zeigen Christus, die Propheten und alttestamentarische Könige, flankiert von den Wappen der Bauernfamilien. Darstellungen von Blumen, Früchten, Vögeln und Grotesken füllen die Zwischenräume dieses eindrucksvollen Riesengemäldes.

Für die Installation der **Orgel** wurde ein Teil der Decke weggeschnitten. 1598 hatte Antonius Wilde die Orgel geschaffen, 1682 baute **Arp Schnitger** das Instrument um und

➣ In der St.-Jacobi-Kirche

erweiterte es um ein Rückpositiv. Die Orgel gilt als vorbildliches Beispiel norddeutscher Orgelbaukunst der Renaissance und des Barocks. Nicht nur ihre äußere Gestaltung, auch ihr Klang ist von hoher Qualität. Es ist sehr zu empfehlen, sich bei einem längeren Cuxhaven-Aufenthalt in Lüdingworth über **Konzerttermine** zu informieren.

Der **Hauptaltar**, geschaffen 1665, ist ein Werk des Bildhauers Jörgen Heytmann d. J., der auch den barocken Deckelaufsatz der rechts neben dem Altar befindlichen Bronzetaufe (Anfang 14. Jahrhundert) schuf.

Ein weiterer Altar steht in der Nordostecke des Chors. Der **Flügelaltar** zeigt in aus Lindenholz geschnitzten Gruppen folgende Szenen: Mariä Verlobung, Mariä Emp-

fängnis, Mariä Heimsuchung, Christi Geburt, Christus im Tempel, die Heiligen Drei Könige. Entstanden ist die Arbeit vermutlich zwischen 1430 und 1440.

Dieser sogenannte **Lüderskooper Altar** hat eine bewegte Geschichte: Ursprünglich schmückte er die Marienkapelle von Lüderskoop, einer kleinen Siedlung, die im Mittelalter westlich von Lüdingworth lag (auf der Flur zwischen Westerende und Kösters Weg). Die Pest löschte die Ortschaft aus, als einzige Hinterlassenschaft blieb der Flügelaltar.

▶ St.-Jacobi-Kirche, Besichtigung 9–17 Uhr (April bis Oktober), Voranmeldung für Gruppenführungen im Kirchenbüro unter Tel. 04724/1770.

Sahlenburg

Das langgestreckte **Straßendorf** bietet ein für diese Region ungewöhnliches Landschaftsbild, denn hier treffen Wald, Watt und Heide aufeinander. Eine Konstellation mit hohem Freizeitwert: **Badelustige** finden ihr Eldorado an langen Sand- und Grünstränden, Wandervögel erholen sich im Wernerwald. Wattwanderer können ihre Touren im Informationszentrum des Nationalparks Wattenmeer vor Ort theoretisch vor- und nachbereiten. Sahlenburg liegt Neuwerk vis-á-vis, von hier führt der kürzeste Weg zur Insel. Wer zu Fuß hinüber will (nicht ohne Führer!), sollte hier starten. Natürlich ist Sahlenburg wie Duhnen Ausgangspunkt vieler Wattwagenfahrten.

Nationalpark-Zentrum Wattenmeer

Das Zentrum ist eine öffentliche Informations- und Bildungseinrichtung. Eine **Dauerausstellung** informiert auf über 50 Schautafeln umfassend über Entstehung, Ausdehnung und Strukturen des Wattenmeeres, Lebensräume und Lebensgemeinschaften von Watt, Salzwiesen und Dünen sowie Naturschutz und Funktion des Nationalparks.

Auch für **Kinder** ist die Ausstellung attraktiv, da sie sich nicht auf Schautafeln beschränkt. Ein wandgroßes Luftbild des Watts vor Cuxhaven und ein naturgetreues Wattbodenmodell vermitteln einen plastischen Eindruck dieser einzigartigen Landschaftsform. In drei **Meeresaquarien** kann man einheimische Fische wie den prähistorisch anmutenden Seeskorpion beobachten.

Besonders eindrucksvoll ist eine Vitrine mit ausgestopften See- und Zugvögeln. Ein Tableau vor der Vitrine bezeichnet die einzelnen Arten, auf Knopfdruck wird der entsprechende Vogel angestrahlt und vom Tonband ertönt sein Ruf. Eine spannende Sache und *die* Rettung für ornithologisch unbewanderte Eltern: »Mama, Papa, wie heißt denn der Vogel, der vorhin so laut geschrien hat?« – kein Problem in Sahlenburg.

Im angegliederten **Kursraum** finden Video- und Filmvorführungen, Diavorträge und mikroskopische Übungen statt. Wer ein Auge für die naturkundlichen Besonderheiten des Watts entwickeln will, sollte sich einer fachkundig geführten **Exkursion** anschließen. Es werden auch für Kinder spezielle Führungen angeboten.

▶ Nationalpark-Zentrum Wattenmeer, Hans-Claußen-Str. 19 (Strandhochhaus), Tel. 04721/ 28681. April bis Okt.: Mo.-Do. 10–17, Fr. 10–18 Uhr, Sa./So./ Feiertage 14–18 Uhr. Nov. bis März: Mo.-Do. 10–16 Uhr, Fr. 10–13 Uhr, So. 14–17 Uhr, Sa. geschlossen.

➤ Folgende Doppelseite:
Heidelandschaft bei Arensch

Der Wernerwald

Ein 400 ha großer Wald, der bis ans Meer heranreicht – das ist an der Nordseeküste einmalig. Wer heute durch den Wald spaziert, kann sich kaum vorstellen, daß hier noch vor 120 Jahren nichts als karge Heide wuchs.

Als man gegen Ende der 70er Jahre des 19. Jahrhunderts das Sahlenburger Gemeindeland aufteilte, beanspruchte Hamburg einen Anteil von 60 ha. Wie der Ritzebütteler Amtsverwalter **Charles Anthony Werner** (Amtszeit 1868–1891) angesichts des Dünen- und Sandgeländes auf die Idee kam, hier einen Wald anzulegen, liegt im Dunkeln. Er besaß jedenfalls genug Tatkraft, seinen Plan durchzusetzen. Weiteres Gelände wurde hinzugekauft und **1880** mit der **Aufforstung** begonnen. Schon bald zierte der Wald das Ufer. Zunächst nannte man ihn offiziell »Sahlenburger Revier«, im Volksmund hieß er jedoch schlicht »Wernerwald«, eine Bezeichnung, die sich schließlich durchsetzte. Verdient hat der Amtmann die Ehre allemal.

Sogar in die Literatur ging der Wald ein: Kein geringerer als **Joachim Ringelnatz**, der während des Ersten Weltkrieges in Sahlenburg als Marineleutnant stationiert war, pries dessen Schönheit in seinem Buch »Als Mariner im Kriege«.

Von den vielen **Campingplätzen** Cuxhavens ist der im Wernerwald der landschaftlich wohl am schönsten gelegenste. Wer hier Ferien macht, hat Wald und Meer vor der Zelt- oder Wohnwagentür. Im Wald gibt es einen großzügigen Kinderspielplatz, ein beheiztes Freibad und einen Trimm-Pfad. Auf der **Waldbühne** an der Wernerwaldstraße finden im Sommer regelmäßig Veranstaltungen statt.

Vier markierte **Wanderwege** durchkreuzen den Wernerwald, dessen Artenreichtum auf angeleiteten Exkursionen erforscht werden kann. Eine Besonderheit ist das mitten im Wald gelegene **Finkenmoor**, ein Süßwasserteich, der als Vogel- und Libellenparadies gilt.

Der Galgenberg

Geht oder fährt man auf dem **Karl-Waller-Weg**, der von der Sahlenburger Chaussee nach Stickenbüttel führt, ragt unmittelbar neben der Straße ein steiler Hügel aus der ansonsten flachen Landschaft. **Sahlenburg** steht auf einem davor aufgestellten Findling. Tatsächlich erinnert der Hügel an eine Festung. Die steile Erhebung ist von einem Außenwall umgeben, und obwohl baum- und buschbewachsen, wirkt sie nicht wie eine natürliche Landschaftsform.

Seine Entstehung geht vermutlich auf eine frühzeitliche **Grabstätte** zurück. In späteren Jahren verschanzte man den Hügel. Wer gegen wen kämpfte, welcher Art die Befestigungen waren und ob Raubritter hier residierten oder Piraten ihre Schätze versteckten, bleibt im Dunkel der Geschichte. Allzu friedlich wird es um den Berg nicht gewesen sein, und finster blieb auch seine weitere Bestimmung.

1695 verlegte man die **Gerichtsstätte** des Landes vom Seebanddeich auf den Hügel, der von nun an »Galgenberg« hieß. Ein schwerer Gang für die Delinquenten, diese letzte Steigung vorbei an schaulustigem Volk hinauf zu dem Plateau, wo neben dem Rundblick über Land und Meer Stahl oder Strick des Scharfrichters warteten. Bis ins 19. Jahrhundert hinein wurden hier Todesurteile vollstreckt.

Die Grausamkeiten sind gottlob Geschichte. Geblieben ist der Hügel, sein düsterer Name und die grandiose Aussicht.

Stickenbüttel

Dieser kleine Cuxhavener Kurteil hat trotz seiner Nähe zum Stadtzentrum seinen dörflichen Charakter bewahrt. Die Lage hat Vorteile: Sowohl die Einkaufsmöglichkeiten der City als auch die Strände von Duhnen und Sahlenburg sind zu Fuß oder per Rad erreichbar.

Brockeswald

Der Wernerwald ist nicht die einzige Aufforstung, die auf die Initiative eines Hamburger Amtmanns zurückgeht. Wo sich die Chausseen nach Sahlenburg, Duhnen und Ritzebüttel kreuzen, liegt der kleine Brockeswald. **Barthold Heinrich Brockes** amtierte von 1735 bis 1741 im Schloß Ritzebüttel, für den belesenen und kunstliebenden Mann – er gilt als Begründer einer neuen deutschen Lyrik – ein einsamer Posten. Allerdings liebte er die Landschaft um Cuxhaven, die er in vielen seiner Gedichte beschrieb. Die Verwandlung der **Befestigungsanlagen** rund um das Schloß in einen blühenden Park war ihm Befriedigung und sinnvolle Aufgabe zugleich.

1837 ließ er ein etwa drei Kilometer westlich des Schlosses gelegenes wildgewachsenes Gehölz ausforsten, Wege anlegen und Bänke und Lauben aufstellen. Der dorthin führende Weg durch das Moor wurde aufgehöht und befahrbar gemacht. Auch wenn der Brockeswald bei weitem nicht die Dimension des Wernerwalds besitzt, ist er doch einen Spaziergang wert.

Das Wrackmuseum

Leicht gebeugt steht der Taucher da, mit der Welt oberhalb der Wasserlinie nur durch einen dikken Versorgungsschlauch verbunden. Der Strahl seiner Handlampe beleuchtet ein algenüberwuchertes Faß auf dem Meeresboden. Zwischen geborstenen Planken schimmert der Schatz: Münzen!

Diese Szene spielt nicht etwa auf hoher See, sondern mitten in Stikkenbüttel. Denn hier steht das in Europa einmalige Wrackmuseum. Zurückgehend auf eine Sammlung und die Initiative des Wrackexperten **Peter Baltes**, zeigt es auf einer Fläche von 1800 qm (innen und außen) über 1500 maritime Exponate vor allem aus den letzten zwei Jahrhunderten. Sie stammen von Schiffen, die zwischen Elbe und Weser, vor der Emsmündung oder in der Deutschen Bucht gesunken sind.

Mehrere **Gefahren** machen dieses Gebiet für die Schiffahrt zu einem besonders tückischen Gewässer: häufige Unwetter mit auflandigen Sturm- oder Orkanböen aus Nordwest, die Fahrtrouten kreuzende Fluß- und Tidenströme, besonders schmale und von tückischen Untiefen begrenzte Fahrrinnen. Nicht zuletzt ist es seit langem das am meisten befahrene Seegebiet der Welt. Die hier verlaufenden **Schiffahrtswege** kreuzen sich teilweise rechtwinklig, was die Kollisionsgefahr erhöht. Es läßt sich nur schätzen, wieviele Schiffe diesem Gewässer zum Opfer fielen. Man nimmt an, daß es seit dem Mittelalter vermutlich 3000–4000 Schiffsuntergänge gab.

Die ausgestellten **Exponate** vermitteln eindrucksvoll ein Bild der Arbeitsbedingungen auf den Schiffen verschiedener Jahrhunderte. Neben Schiffsteilen und -einbauten sind Gegenstände aus der persönlichen Habe der Seeleute oder der jeweiligen Ladung ausgestellt, die mit dem Wrack versanken. Ob Tabakspfeife, Teekessel oder Babyschnuller (von 1912!) – der Anblick dieser vom Meeresgrund abgeborgenen Dinge hat etwas Anrührendes.

Soweit es sich recherchieren ließ, ist neben den Vitrinen die Geschichte der jeweiligen Schiffe und ihres Untergangs beschrieben. Es sind Geschichten von bewegender Dramatik, wie beispielsweise die des deutschen Unterseebootes »U-51«, das am 14. Juli 1916 vor der Jademündung nach einem Torpedotreffer sank. Nur zwei Männer überlebten, die übrigen Besatzungsmitglieder starben – einige erstickten allerdings erst nach mehreren Tagen qualvoll.

▸ **Wrackmuseum, Dorfstraße 80, 27476 Cuxhaven, Tel. 04721/ 23341, geöffnet Ende März bis Ende Okt. sowie während der Weihnachtsferien: Di.-Fr. 9–13 und 15–18 Uhr, Sa./So./Feiertage 10–13 und 15–18 Uhr, Mo. geschlossen.**

Wander-
wege

Auf Schusters Rappen –
13 Cuxhavener Wanderungen

Eine Wanderung ist nicht nur im Cuxhavener Watt ein tolles Erlebnis. Marschwiesen, Deiche, Heide und Wälder bieten für Spaziergänge durch das ländliche Cuxhaven eine reizvolle Umgebung. Zur besseren Organisation eines Ausflugs wurden insgesamt 13 Wanderwege unterschiedlicher Länge markiert. Da sie sich teilweise kreuzen, lassen sich aus ihnen noch weitere Touren kombinieren. Eine detaillierte **Wanderkarte** der Region ist in Buchhandlungen, an Kiosken oder bei den Verkehrsvereinen erhältlich (siehe auch »Adressen«).

Cux-Ringwanderweg

1. **Markierung:** oranger Fisch, Beschilderung. **Streckenlänge:** ca. 24 Kilometer. **Route:** Alte Liebe – Kurpark – Duhnen – Duhner Heide – Wernerwald – Brockeswald – Döser Wettern – Alte Liebe

Diese Tour ist eine ideale Möglichkeit, um die an der Nordsee gelegenen Kurteile Cuxhavens besser kennnenzulernen. Von der Alten Liebe aus führt der Weg am Grünstrand der Grimmershörnbucht entlang bis zur **Kugelbake**, dem Wahrzeichen der Stadt. Mit Blick auf das Meer (oder Watt, je nach den Gezeiten) passiert man auf dem Strandpromenadenweg das Döser Strandhaus und das Freibad Steinmarne und ist schon im Kurteil **Duhnen**.

Hinter dem Meerwasser-Brandungs-Hallenbad verfolgt man den **Dünenweg** (als Orientierung gilt auch die Beschilderung nach Sahlenburg). Bald endet die Bebauung, der Wanderweg biegt nach links ab auf eine Anhöhe zu. Es sind der »Twellberg«, ein Steingrab aus der Altbronzezeit um etwa 1500 v.Chr., und ein altsächsischer Ringwall.

Am Scharmorweg geht es nach rechts über die **Duhner Heide**, die unter Naturschutz steht. Unter anderem wächst hier die seltene Krähenbeerenheide, deren Hochäcker eine 2000 Jahre alte Kulturlandschaft bilden. Wesentlich jünger, aber nicht minder eindrucksvoll ist der Sahlenburger Wernerwald, der erst gegen Ende des 19. Jahrhunderts entstanden ist.

Über die **Sahlenburger Heide** (Blütezeit ist der August) geht es zum nächsten Etappenziel, dem **Brockeswald**. Er markiert die Halbzeit der Wanderung.

Der Rückweg führt entlang des Ufers der **Döser Wettern**, die ihren Verlauf im Rücken der Stadt an Stickenbüttel vorbei durch eine malerische Wiesenlandschaft nimmt. Wer nicht auf der bereits in Gegenrichtung begangenen Strandpromenade und an der Grimmershörn-Bucht zurück zur Alten Liebe will, kann die Wanderung im Kurteil Döse beenden. Als Alternative bieten sich auch der Bus ab Steinmarner Straße, »Jan-Cux-Expreß« ab Strandhaus Döse oder »Cuxi-Bahn« ab Kugelbake an.

Küstenwanderweg

2. Markierung: weiße Möwe, Beschilderung; Streckenlänge: ca. 12 Kilometer als Rundweg oder ca. 17 Kilometer als Streckenwanderung; **Route**: Duhnen – Sahlenburg/Strand – Arensch – Berensch – Spieka-Neufeld

Diese Tour führt über den **Dünenweg** aus Duhnen heraus. Bei der Abbiegung zum »Twellberg« geht man weiter geradeaus und vorbei am Landgewinnungsgebiet auf den **Sahlenburger Strand** zu. Entlang der Wasserseite des bis an die Küste reichenden Wernerwalds führt der Weg nach **Arensch**, einer kleinen Siedlung hinter dem Deich. Wer in einem kleinen Rundweg zum Ausgangspunkt zurückkehren will, wandert ab hier über den kreuzenden Weg 6 zurück nach Sahlenburg und über die Duhner Heide nach Duhnen. Die Strecke an der Küste geht allerdings noch weiter: Sie zweigt zwischen Arensch und Berensch auf der Höhe des **Posterholungsheims** nach rechts ab zum Deich. Dort geht es schnurgerade südwärts, vorbei an einem alten **Grenzstein** von 1589, der auf dem Strand-

wall vor dem Berenscher Außendeichgelände steht. Das Ziel ist erreicht am kleinen **Krabbenkutter-Hafen von Spieka-Neufeld**, das verwaltungsmäßig nicht mehr zu Cuxhaven gehört, sondern zu Nordholz. **Nordholz** liegt fünf Kilometer entfernt, von dort besteht eine Bahn- und Busverbindung nach Cuxhaven.

Deichwanderweg

3. Markierung: blaues Schiff, Beschilderung; Streckenlänge: ca. 14 Kilometer; **Route**: Groden – Altenbruch – Otterndorf

Ein Spaziergang mit maritimer und ornithologischer Aussicht, denn neben dem Schiffsverkehr auf der Elbe lassen sich auf diesem Gang auch besonders viele Vögel beobachten, deren Revier die Uferlandschaft ist.
Startplatz ist die Bahnschranke an der **Grodener Chaussee**. Nach wenigen Metern ostwärts verläßt man die B 73 nach links in den Wolfenbütteler Weg und erreicht nach ca. einem Kilometer den Deich. Nicht immer ist das gegenüberliegende Ufer zu sehen – die Elbe hat hier eine Breite von 15 Kilometern.
Über den **Deichkronenweg** geht es zum Altenbrucher Hafen. Wer nur einen kleinen Spaziergang im Sinn hat, kann von **Altenbruch** aus per Bus oder Bahn den Rückweg antreten. Ansonsten führt die Wanderung weiter den Deich entlang. Hinter dem kleinen Wehldorf

91

betritt man das Gebiet der Samtgemeinde Hadeln und bald schon **Otterndorf**, die alte Hauptstadt des einstigen Landes Hadeln. Otterndorf hat eine über 600jährige Geschichte und besitzt einen wunderschön erhaltenen Stadtkern. Bevor man sich per Bahn oder Bus auf die Rückreise macht, sollte ein Stadtrundgang den Ausflug abschließen.

Döse – Holter Heide

4. Markierung: lila Halbkreis, Beschilderung; Streckenlänge: ca. 6 Kilometer; **Route**: Döse – Stickenbüttel – Holte-Spangen

Diese Tour steht über direkte oder indirekte Anschlüsse mit allen gekennzeichneten Wanderungen in Verbindung, sie eignet sich daher für die Kombination mit anderen Wegen. Aber sie ist auch als kleinerer Spaziergang sehr attraktiv.
Der Weg beginnt an der **Steinmarner Straße** in Döse und führt am **Fort Thomsen** vorbei, das zwischen 1905 und 1908 im Zuge des Ausbaus Cuxhavens zur Seefestung gebaut wurde. Entlang der Döser Wettern erreicht man über Stickenbüttel den **Brockeswald**. Weiter geht es durch die Wiesen zur **Holter Heide**. Busrückfahrt ab Drangstweg möglich.

Wernerwald

5. Markierung: blaues Dreieck, Beschilderung; Streckenlänge: ca. 8 Kilometer; **Route**: Sahlenburg/Wernerwald

Ein Gang für alle, die diesen an der deutschen Nordseeküste einmaligen Wald etwas besser kennenlernen wollen. Man startet in der Straße **Am Lohmsmoor** an der nordöstlichen Ecke des Waldes. Sie geht von der Nordheimstraße ab, durch die mehrere Buslinien führen.
Der **Wernerwald** verfügt über einen abwechslungsreichen Baumbestand und ist die Heimat vieler Tiere. Viele der hier anzutreffenden Spezies stehen unter Naturschutz, darunter auch die Rote Waldameise, an deren großen Hügeln der Weg vorbeiführt.
Am seewärts gelegenen Waldrand wartet dann das einzigartige Erlebnis eines Waldspaziergangs mit Blick auf Neuwerk, bis der Weg wieder zwischen den Bäumen verschwindet und der nächste Höhepunkt zu erkennen ist: das **Finkenmoor**, ein kleiner See, der als Vogel- und Libellenparadies gilt.
Auf dem großen **Spielplatz** unweit des Campingplatzes können sich Kinder richtig austoben, bevor man sich zum Ausgangspunkt oder zur Bushaltestelle an der Wernerwaldstraße begibt.

Sahlenburg – Berensch

6. **Markierung:** roter Kreis, Beschilderung; **Streckenlänge:** ca. 6 Kilometer; **Route:** Sahlenburg – Arensch – Berensch

Auch diese Tour läßt sich gut kombinieren, z.B. mit dem Küstenwanderweg Nr. 2. Wie der Ringwanderweg Wernerwald, zu dem sie während der ersten 2,5 Kilometer parallel verläuft, beginnt sie an der Ecke Nordheimstraße/Am Lohsmoor in **Sahlenburg**. Am südlichen Waldrand zweigt die Strecke ab nach **Arensch**, wo der Küstenwanderweg kreuzt. Geht man weiter nach **Berensch**, kann man von dort den Rückweg per Bus antreten oder noch einen Gang in die östlich des Dorfes gelegene **Berenscher Heide** unternehmen.

Sahlenburg – Holte-Spangen

7. **Markierung:** gelbes Quadrat, Beschilderung; **Streckenlänge:** ca. 3,5 Kilometer; **Route:** Sahlenburg – Holte-Spangen

Auch dieser kurze Weg beginnt Ecke Nordheimstraße/Am Lohsmoor, führt aber nur ein kurzes Stück durch den Wernerwald. Über die **Sahlenburger Heide** und durch das geschützte **Steertmoor** erreicht man das Dorf Holte-Spangen, das Busanschluß besitzt. Wer gerade erst warm geworden ist, kann die Tour um den nachfolgenden Wanderweg verlängern.

➤ Nachfolgende Doppelseite:
Naturerlebnis Wernerwald

Holter Ringwanderweg

8. Markierung: weißes Rechteck, Beschilderung; Streckenlänge: ca. 4 Kilometer; **Route:** Holte-Spangen

Nach dem Start an der Richtung Berensch aus dem Ort führenden Straße gelangt man zum **Fuchsbusch**, ein durch die Kraft des steten Küstenwindes gedrungen gewachsenen Eichenkrattwald von merkwürdigem Aussehen. Das geheimnisvolle Bild wird noch durch das den Wald lianengleich überwuchernde Wald-Geißblatt ergänzt. Weiter geht der Rundweg über die **Holter Heide**, über die sich vor Erreichen des Ausgangspunktes an der Holter Sandgrube ein weitreichender Rundblick bietet.

Holte-Spangen – Altenwalde

9. Markierung: aufrecht stehendes, oranges Rechteck und Beschilderung; **Streckenlänge:** ca. 3 Kilometer; **Route:** Holte-Spangen – Höltjer Höhe – Altenwalde

An der Holter Sandgrube beginnt der Weg und führt sofort – im wahrsten Wortsinn – zu einem echten Höhepunkt: der **Höltjer Höhe**. Sie ist 29 Meter hoch, ein in ansonsten flacher Landschaft schon recht stattlicher Berg. Hier steht auch der **Funkmast** von »Elbe-Weser-Radio«, der für den Schiffsfunk auf Elbe, Weser und Nordsee bis nach Helgoland zuständig ist. Der Ausblick reicht über Heide, Marsch und Wernerwald bis zum Meer.

Über die **Altenwalder Heide** geht es zum Altenwalder Forst. Hier, nordwestlich von Altenwalde, liegen auf der Altenwalder Höhe die Erdwälle einer alten **Burganlage**. Sie geht zurück auf Karl den Großen (747–814), der sie zur Sicherung seiner nördlichsten Reichsgebiete anlegte. Sie diente auch als Schutz gegen die Wikingerüberfälle des 8., 9. und 10. Jahrhunderts. Zu erkennen ist ebenfalls der Rest eines 1,5 Kilometer langen Walles, der vermutlich eine Zufahrt war. Im 13./14. Jahrhundert gab es in Altenwalde, das damals noch Wolde hieß, sogar ein **Kloster**.

Von Altenwalde aus führen mehrere Buslinien und die Bahn in andere Kurteile.

Berensch – Nordholz

10. Markierung: grüne Tanne, Beschilderung; Streckenlänge: ca. 6 Kilometer; **Route:** Berensch – Oxstedter Bach – Nordholz

Von Berensch aus verläuft dieser Weg durch Geest- und Heidelandschaft vorbei am **Fuchsberg**, auf dem sich mehrere Hügelgräber befinden. Hinter dem Landmarschengraben liegt zur Linken der 18-Loch-Golfplatz von **Oxstedt**. Bald darauf überquert man den **Ox-**

stedter Bach, dessen Verlauf an dieser Stelle die Cuxhavener Stadtgrenze markiert.

Am Nordholzer Ortsrand berührt der Weg ein kleines, für seinen Bestand an seltenem Stechginster berühmtes Naturschutzgebiet. Bevor die Rückreise beginnt (Bus oder Bahn ab Nordholz), sollte man noch einen Spaziergang im reizvollen Forst **Nordholzer Tannen** unternehmen. Hier gibt es eine **Graureiher-Kolonie**. Während der Brutzeit (März–September) darf das Gebiet der bis zu 90 cm großen Vögel allerdings nicht betreten werden.

Wattwanderweg nach Neuwerk

11. **Markierung:** Pricken (gesteckte Büsche); **Streckenlänge:** ab Sahlenburg ca. 10, ab Duhnen ca. 12 Kilometer; **Route:** entlang der Pricken über das Watt

Ein Wanderweg, der selbstverständlich nur zur Ebbezeit beschritten werden kann – und auch dann nicht ohne Risiko. Es ist daher zu empfehlen, sich einer der vielen **geführten Wanderungen** anzuschließen. Achtung: Während einer Ebbezeit ist der Weg nur in einer Richtung zu bewältigen, wer nicht unfreiwillig auf der Insel hängenbleiben will, muß vor der Wanderung die **Rückfahrt** organisieren – also entweder einen Platz auf der Fähre oder auf einem Wattwagen buchen.

97

Altenbrucher Marschenringwanderweg

12. Markierung: weiße Kirchtürme, Beschilderung; Streckenlänge: ca. 20 Kilometer; Route: Altenbruch – Lüdingworth – Assel – Seedeich – Altenbruch

Die Wanderung beginnt an den charakteristischen Doppeltürmen der Altenbrucher **St.-Nicolai-Kirche**. Entlang des Altenbrucher Kanals, der einstigen Wehdem, geht es nach Süden dem nächsten Kirchturm entgegen. Doch noch vor dem Ortskern Lüdingworths biegt der Wanderweg links ab in die **Norderscheidung**.

Wer sich für Kirchen interessiert, sollte sich einen kleinen Abstecher leisten und vor dem Weg durch die Hadeler Marsch **St. Jacobi** in Lüdingworth besichtigen.

In der flachen, von Gräben durchzogenen **Marschenlandschaft** stehen die vereinzelt gelegenen, von Baumgruppen vor dem Wind geschützten Höfe gleichsam wie Inseln im Wattenmeer. Nach einem Schwenk nordwärts überquert man erneut die B 73. Jetzt befindet man sich auf dem Areal des **Warningsackers**, der historischer Boden ist: Hier, zwischen Altenbruch und Otterndorf, war bis ca. 1600 die Tagungsstätte der Hadeler Ständeversammlung, eines Gremiums, das über fast alle landespolitischen Entscheidungen befand.

Am **Asselweg** überquert man die Grenze zur Samtgemeinde Hadeln und gelangt über die Besenhalmer Trift zum **Deich**. Auf dem Weg elbabwärts sind landseits neben dem Deich einige **Teiche** zu sehen. Einige davon sind sogenannte »Wehle« (plattdeutsch »Wehl« = Wasserloch). Diese heutigen Lebensräume seltener Wasserpflanzen und Amphibienarten sind die Überbleibsel früherer Deichbrüche.

Nach ihnen ist auch das kleine Dörfchen **Wehldorf** benannt, die nächste Etappe der Wanderung.

Am **Bojenbad** Altenbruch ist der Rundweg fast beendet, die Rückfahrt kann per Bahn oder Bus angetreten werden.

➤ Breitblättriger Rohrkolben

98

Altenbrucher Braakenringwanderweg

13. **Markierung:** roter Leuchtturm, Beschilderung; **Streckenlänge:** ca. 9 Kilometer; **Route:** Altenbruch – Wehldorf – Altenbruch

➤ Uferschnepfe

Eine nicht minder schöne Wanderung als Nr. 12 und ein guter Kompromiß für alle diejenigen, denen die Tour über den Marschenringwanderweg zu lang ist.

Ausgangsort ist ebenfalls die **St.Nicolai-Kirche** in Altenbruch. Über den Marktplatz geht es zum **Braakstrom**, dessen Ufer der Weg zunächst begleitet. Auf der Höhe von Glameyers Hof überquert man das Gewässer. Bitte das Gatter wieder schließen! Der nächste Bach läßt nicht lange auf sich warten – es ist der **Westerhofstrom**, der ebenfalls überschritten wird.

In **Wehldorf** erreicht man den Seedeich, auf dem entlang man zwischen Elbe und Marsch nach Altenbruch zurückkehrt. Zur Ortsmitte kann man schon am Bojenbad abbiegen, es ist jedoch eine reizvolle Variante, noch das kurze Stück bis zur Schleuse zu gehen und dann am Altenbrucher Kanal durch die Wiesen in den Ort zurückzukehren.

➤ Wasserfeder

Insel-
hopping

Die Hochseeinsel Helgoland liegt nur 70 km vom Festland entfernt in der Deutschen Bucht.

Neuwerk

Über die B 73 sind es von Cuxhaven nach Hamburg gut 130 Kilometer. Man kann aber auch eine Abkürzung durch das Watt nehmen, dann sind es nur etwa zehn – auf den Anblick von Michel, Alster oder Reeperbahn muß man dann allerdings verzichten. Seit **1962** gehört Neuwerk, wie mit Ausnahme der Zeit ab 1937 in den fast 700 Jahren vorher, wieder zu **Hamburg.** Neuwerk, Verwaltungsbezirk Hamburg-Mitte, rückt der Hamburger Bevölkerung meist nur bei Bürgerschaftswahlen als »Stadtteil« ins Bewußtsein: Es ist traditionell der am schnellsten ausgezählte Wahlkreis.

Nicht immer war Neuwerk eine Insel. Bis hinter Scharhörn ragte das Land als feste Halbinsel ins Meer. Die Ausrichtung dieser Halbinsel nach Nordwesten läßt sich noch gut nachvollziehen, wenn man auf einer Landkarte eine gerade Linie von Duhnen nach Scharhörn zieht. Nachdem das einstige Festland im Meer versunken war, formte sich Neuwerk aus einer **Düneninsel,** die sich durch zunehmende Ablagerungen von Sand- und Tonpartikeln und allmählichen Pflanzenbewuchs verfestigte. Die durch widrige Strömungsverhältnisse und Sturmfluten bedingte **Erosion** hielt bis in die jüngste Zeit hinein an. Noch vor 300 Jahren besaß das jetzt ca. drei qkm große Neuwerk eine dreimal größere Ausdehnung als heute.

Aus der Inselgeschichte

Die **Besiedlungsgeschichte** der Insel beginnt gegen Ende des 13. Jahrhunderts mit dem Turmbau. Von nun an gab es eine ständige Besatzung, deren Befehlshaber sich zunächst »Hauptmann« titulierten und Mitglied des Hamburger Rates waren. Nachdem im **Schloß Ritzebüttel** ebenfalls Hamburger Ratsherren als Amtmänner einzogen waren, unterstellte man ihnen die jeweiligen Neuwerker Oberen, die sich jetzt »Vögte« nannten und nicht länger Ratsmitglieder sein mußten.

Die **bäuerliche Besiedlung** der Insel begann erst im 16. Jahrhundert, nachdem Neuwerk **1556 eingedeicht** worden war. Bis dahin bot allein der Turm Schutz vor den Sturmfluten. Die Siedler führten jahrhundertelang ein eher karges Leben, stets bedroht durch das Meer und während stürmischer Jahreszeiten oft wochenlang vom in Sichtweite liegenden Festland isoliert.

Einträge über die Getauften im Döser **Kirchenbuch** belegen eindrucksvoll solche Phasen. Wegen der hohen Kindersterblichkeit zu früherer Zeit empfahl die Döser Kirchenordnung, die Neugeborenen »nicht über die höchste Not über den dritten Tag ungetauft liegen« zu lassen. Diese Regel konnte bei auf Neuwerk geborenen Kindern nicht immer angewandt werden. Besonders im Winter dauerte

es, bis der Döser Pastor für die Tauf-
zeremonie das Watt überquerte. So
liegen die Kirchenbucheinträge
von Geburt und Taufe Neuwerker
Kinder manchmal einige Wochen,
mitunter sogar mehrere Monate
auseinander – mit kommentieren-
den Zusätzen wie »hat wegen des
vielen Eises nicht eher getauft werden können.«

Auch **Begräbnisse** verzögerten sich
umständehalber. Die Neuwerker
Siedler begruben ihre Toten auf
dem Festland. Da blieb manche
Leiche eine Zeitlang »über der Erde
stehen«, bis die Überführung möglich wurde. So findet sich im Döser
Kirchenbuch für den 14. März 1829
ein Eintrag über die Beerdigung der
bereits am 24. Januar verstorbenen
Neuwerkerin Maria Wilckens, »da
der harte Winter alle Verbindungen mit dem festen Lande unmöglich machte«. Aber: »Der Leichnam
hatte sich gut gehalten«, kommen-
tierte der Pastor abschließend.

Die erste wetterunabhängige Kom-
munikationsmöglichkeit entstand
1870, als man zwischen Cuxhaven
und Neuwerk einen elektrischen
Telegraphen einrichtete. Elektri-
zität für die Bewohner gab es 1927
nach Inbetriebnahme eines Wind-
generators, ein Kabel zum Festland
wurde 1957 gelegt. Und tatsächlich
existiert erst seit 1968 eine **Was-
serleitung** nach Neuwerk – das
einzige Süßwasser, das vor diesem
Zeitpunkt auf der Insel verfügbar
war, wurde in Zisternen gesammelt.

➤ Nachfolgende Doppelseite:
    Neuwerk aus der Luft

Neuwerk heute

35 Einwohner zählt Neuwerk heute, die meisten Familien leben seit
Generationen hier. Der **Tourismus**
hat die Landwirtschaft als Haupt-
erwerbsquelle abgelöst, was nicht
heißt, daß es auf der Insel keine
Bauern mehr gibt. **Selbstversor-
gung** ist für die Neuwerker noch
immer ein praktisches und kosten-
günstiges Gebot. Heute wie damals
muß vieles, was nicht auf der Insel
erhältlich ist, umständlich vom
Festland geholt werden – zwar nicht
mehr mit dem Pferdwagen, sondern
mit dem Trecker, aber nach wie vor
in Abhängigkeit von Tide und
Wetter.

Ebenso wie die **Post**. Es kann immer noch Wochen dauern, bis Jan
Brütt, der Duhner Wattenpost-
kutscher, mit den Postsäcken auf
die Insel kommen kann. Natürlich
ist die Isolation nicht mehr so gra-
vierend wie einst. Man hat Tele-
fon und Faxgeräte, und in Notfäl-
len schafft ein Hubschrauber den
Sprung zum Festland in Minuten.
Etwa 130 Gästebetten bietet Neuwerk, zusätzlich einen **Campingplatz** und ein **Schullandheim**.
Wenn dann an schönen Sommertagen die Armada der Tagesgäste
(ca. 120.000 pro Saison!) die Insel
bevölkert, die sich zu Fuß in gut
einer Stunde umrunden läßt, ver-
flüchtigt sich die Illusion von einem einsamen Eiland rasch.

Selbst dann jedoch findet man
noch ruhige Plätzchen, denn der
größte Trubel herrscht rund um
den **Turm**. Hier steigen die Passagiere aus den Wattwagen und fah-

ren auch wieder ab, hier befindet sich mit dem alten Turm die bekannteste Sehenswürdigkeit Neuwerks.

Auf dem Platz vor dem Turm befindet sich ein **naturkundliches Informationszentrum** des Vereins »Jordsand« e.V., der unter anderem die Naturschutzgebiete Neuwerk-Vorland und Scharhörn betreut. Und nicht zuletzt betreibt unmittelbar gegenüber Otto Frers sein gemütliches **Gartenlokal** – Grund genug also für die Besucher, sich überwiegend in dem verlockenden Dreieck zwischen Informationszentrum, Turmaussicht und Biertisch aufzuhalten.

Wer den Andrang scheut, ein besonderes Erlebnis sucht und 29 weitere Gleichgesinnte zusammenbringt, kann einen garantiert ruhigen **Picknickplatz** buchen. Christa Osterhof (Tel. 04721/21447) serviert das Essen – mitten im Watt. Ab Ende Oktober allerdings, wenn das Fährschiff der Cassen-Eils-Reederei die Insel bis Mitte März nicht mehr anläuft und die meisten Wattwagen zum Überwintern in Remisen verschwinden, findet Neuwerk zu dem zurück, was es eigentlich ist: Ein stilles Fleckchen Erde hinter trutzigem Deich, ausgestattet mit viel rauhem Nordsee-Charme.

➤ Das Wahrzeichen von Neuwerk: der Turm

Der Turm

138 Stufen bis zur Aussichtsplattform des 45 Meter hohen Neuwerker Wahrzeichens wollen bewältigt werden. Der Lohn ist ein grandioses **Panorama**: An besonders klaren Tagen reicht der Ausblick bis Helgoland (Blickrichtung Nordwest), zum markanten Leuchtturm »Roter Sand« (Westen) oder zur Vogelinsel Trischen (Nordost).

Es ist nicht mehr der Originalbau von 1300/10. Der erste Turm brannte ca. **1374/76** ab und das Backsteinmauerwerk des Folgebaus wurde an den Außenmauern nach und nach fast vollständig erneuert. Dennoch zählt der Turm zu den ältesten erhaltenen Bauwerken an der deutschen Küste. Seine Konstruktion fordert Respekt vor der Leistung der Baumeister, die schließlich das gesamte Material – man denke allein an die Feldsteine für das über drei Meter tief in den Boden reichende Fundament – über das Watt herbeischaffen mußten.

Von Beginn an erfüllte der Turm mehrere **Aufgaben**, eine so wichtig wie die andere: Durch seine Höhe bot er (und bietet er noch) ein markantes Seezeichen, durch die bis zu 2,80 Meter dicken Mauern den Neuwerkern Schutz vor Feinden und Sturmfluten. Die überdachte Außentreppe führt noch immer direkt in den 3. Stock, die unteren Stockwerke waren nicht von außen zugänglich. Zu früherer Zeit konnte man den Turm sogar nur über eine Leiter betreten.

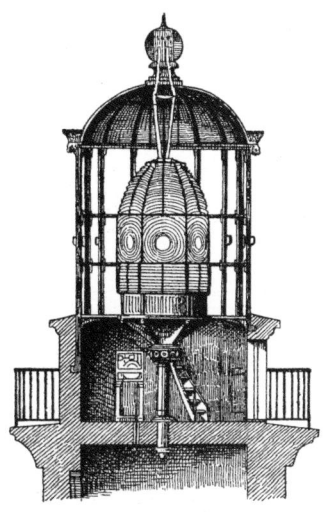

»Friedhof der Namenlosen«
Nur wenige Meter von der Stelle entfernt, wo der Wattenweg nach Sahlenburg und Duhnen beginnt, liegt mitten auf dem grünen Akker ein kleiner Friedhof. Einige schlichte Holzkreuze, bis auf eines alle ohne Inschrift, gruppieren sich um einen Gedenkstein, an dem auf einer Tafel **Gustav Falkes** anrührende Worte zu lesen sind:

Heimatlos! wie weh das klingt,
Namenlos ins Grab gesenkt,
Das kein Mutterarm umschlingt,
Dem kein Bruder Blumen
schenkt.
Ach, im Wind, der diesen Stein,
Diesen Hügelsand umweht,
Wird manch banges Klagen sein
Das euch weinend suchen geht.
Aber reiht sich himmlisch schön
Nächtens oben Licht an Licht,
Taut's wie Trost aus jenen Höh'n:
Heimatlose seid ihr nicht.

Der einzige Schwachpunkt im Fall einer Belagerung war die **Trinkwasserversorgung**. Zwar hatten die Neuwerker in Turmnähe einen Süßwasserteich als Reservoir, aber der lag außerhalb der Befestigung. Deshalb leitete man das Regenwasser, das vom Turmdach in die Traufe floß, in einen eisernen Behälter, den sogenannten »Waterstock«. Im **Inneren** gibt es mehrere Lagerräume, die einstige **Vogtwohnung** und die **Turmschänke**. Die »Beletage« im 5. Stock beherbergte früher die zehnköpfige Wachmannschaft. Heute sind hier einige Gästezimmer des Hamburger Senats.
Eine richtige Laterne setzte man dem Turm erst 1814 auf die Dachpyramide. Vorher gab es eine einfache Kohlenblüse. Das derzeitige Leuchtfeuer ist bereits aus 33 Kilometern Entfernung zu sehen.

Wie gefährlich das Meer sein kann, wissen die Neuwerker aus Erfahrung. Es kam immer wieder einmal vor, daß **ertrunkene Seeleute** am Ufer ihrer kleinen Insel angetrieben wurden, Männer, deren Namen und Herkunft im Dunkeln blieben und für die man nicht mehr tun konnte, als ihre Leichen hier beizusetzen.
Daß so etwas nicht gerade selten passierte, beweist die frühere Vorschrift für die Neuwerker Vögte, stets für diesen Fall einen fertig gezimmerten Sarg auf Lager zu halten. Die Anzahl der Kreuze entspricht übrigens bei weitem nicht

Eines Lotsen Not und Rettung

»Am 22. November 1736 richtete ein gewaltiger Sturm auf der Nordsee und Elbe erschreckliche Verheerungen an. Da scheiterte auch an einem Sandriff unfern der Insel Neuwerk ein Hamburgischer von Archangel heimkehrender Dreimaster, geführt vom Schiffer Hinrich Jansen. Der an Bord befindliche Lootse, Peter Bull aus Cuxhaven, mag wohl einige Schuld an dem Unglück gehabt und nicht weislich gesteuert haben; aber bei'm Abenddüster und Nebelwetter im Sturm und Wellengetobe ein Schiff durch die Brandungen zu führen, ist auch kein kleines Werk, und ohne Gottes Beistand kann's auch dem klügsten Piloten nicht gelingen. – Als nun das Schiff strandet, – und die dicksten Taue zerreißen wie Zwirnsfäden und die mächtigsten Balken brechen wie Schwefelhölzer, – da wird die Mannschaft desperat, und schreiet: der Loots sei betrunken und ihrer Aller Mörder! Und augenblicks ziehen die Matrosen ihre Messer, um ihn zu erstechen. Aber der Schiffer, ein besonnener Mann, verhindert solchen Frevel, und verbot den Lootsen zu tödten, denn betrunken sei er nicht, wohl aber des Fahrwassers nicht mächtig gewesen. Darauf befiehlt er ihnen, sich in Schaluppe zu werfen und die Rettung zu versuchen. Den Lootsen aber mitzunehmen, das wagte er nicht, seiner äußerst erzürnten Leute wegen. Als er nun bei'm Abfahren den armen Mann händeringend und laut jammernd an Bord zurücklassen mußte, da rief er ihm zu: »Peter Bull, bist du rein von grober Schuld, und vergiebt dir Gott dein menschlich Fehlen, so kann er dich auch noch erretten, bevor das Wrack zerschellt ist.«

Wie nun Peter Bull ganz allein ist auf dem halbzertrümmerten Schiffe, davon mit jedem Wellenschlage ein Stück nach dem andern weggerissen wird, da läßt er das kleine Boot auf's Wasser, um sich darin zu retten. Bevor er aber hineinspringt, stürzt ein Mast mit Tauwerk herunter und zerschmettert die Jolle. – Als er nunmehr vermeint ganz ohne Hilfe zu sein, und schier verzagt, auch beinah in die Fluth gesprungen wäre, um der Qual gleich ein Ende zu machen, – da kommen ihm des Schiffers Worte wieder zu Sinn: daß Gott ihn noch retten könne, ob er gleich im Rachen des Todes stünde. Und allsogleich wird dem harten Manne ganz weichmüthig, er sinkt auf's Knie, und betet inbrünstig um Vergebung seiner Sünden, und um Rettung aus dieser Noth, damit er seiner Frau und den Kindern erhalten bleibe und ein neues gottesfürchtiges Leben anfangen könne.

Gefaßt steht er auf, bindet sich mit starken Tauen an das losgerissene Spill fest, und vertraut sich muthig in Gottes Namen der See. Grade bevor die nächste Welle ihn vom Wrack entführt, springt mit Zetergeschrei die Schiffskatze von Bord hinunter ihm nach und faßt Posto auf seinem Kopfe, allwo sie sich in seine Haare und Haut so fest einkrallt, daß er sie in keiner Weise los werden kann. Natürlich, das arme Thier witterte den nahen Untergang des Schiffes, und schloß sich nun dem letzten Menschen bei seiner Abfahrt an, weil es kein anderes Rettungsmittel sah als dessen Kopf. Freilich fiel sie ihm erschrecklich lästig, aber er dachte: vertraut diese unvernünftige Bestie mir, dem hülflosen Menschen, so mag ich desto sicherer auf Gottes Hülfe bauen.

Noch die halbe Nacht treibt Peter Bull auf seinem Spill mit der Katze auf dem Kopfe in der Elbmündung umher; mehr unter Wasser und von Wellen bedeckt, als darüber schwimmend; entkräftet vor Todesangst und Todesschrecken, erstarrt vor Kälte und Nässe; so treibt er umher und weiß nicht wo noch wohin. Es hätte ja ebensogut mit der Ebbe in die offene See gehen können, als mit dem Winde landwärts. – Gegen Morgen sieht er sich um und erkennt die Kugelbaake bei Döse, und da beginnt sein Hoffen. Die hier heranschlagenden Wogen treiben richtig das Spill mit dem Lootsen und der Katze gegen das Gebälke der Baake. Er gewahrt dahinter auf dem Deich zwei Leute reiten, die sich umthun wollen nach Strandgut, was man »büten« nennt, d.h. erbeuten. Aber er ist zu schwach, um sich ihnen vernehmlich zu machen, sein Hülferuf verhallt im Getöse der Wellen. Da aber erhebt statt seiner die Katze ein so durchdringend lautes Jammergeschrei, daß die Männer aufmerken, hinblicken, den armen Peter Bull in der beschriebenen Lage halbtodt finden, und ihn mit Spill und Katze auf's Trockne bringen.

So ist Peter Bull durch Gottes Hülfe gerettet. Wegen seiner Fahrlässigkeit oder Unkenntnis wurde er zwar seines Lootsen-Dienstes entsetzt und mußte noch dazu eine Geldbuße zahlen, nachdem Schiffer Jansen, der sich mit seinen Leuten ebenfalls glücklich geborgen, in Hamburg wider ihn ausgesagt hatte. Aber ihm war in jener entsetzlichen Nacht auch für immer das Seefahrerleben verleidet. Später ist er Gehülfe des Strandvogts zu Dühnen geworden und hat stets sein absonderliches Augenmerk auf arme Schiffbrüchige gerichtet, die etwa angeschwommen kämen, unfähig um Hülfe zu rufen, und keine Katze auf dem Kopfe hätten, die's für sie thäte. – Das Spill hat er als Andenken aufbewahrt, und die Katze hat er niemals von sich gelassen; denn nächst Gott, sagte er, verdanke er ihr das letzte Stück seiner Rettung, die sonst noch im Hafen mißglückt wäre. – Er soll ein stiller frommer Mann geworden und selig gestorben sein, nachdem er seine Kinder zu gottesfürchtigen Menschen erzogen hat. Vielleicht ist Herr Hans Peter Bull, der vor einigen Jahren als Lieutenant des Wachtschiffes vor Cuxhaven starb, einer seiner Nachkommen gewesen.«

➤ Aus: Otto Beneke: Hamburgische Geschichten und Sagen. Neu ediert und mit Erläuterungen versehen von Ariane Knuth. Bremen 1999, S. 420ff.

der tatsächlichen Zahl derer, die auf dem »Friedhof der Namenlosen« ihre letzte Ruhe fanden. Der Friedhof existiert bereits seit 1319 – diese Zahl trägt auch das große Holzkreuz über dem Gedenkstein – und wurde anfangs von den Insulanern selbst als Begräbnisplatz genutzt.

Seit den 20er Jahren finden hier keine Beerdigungen mehr statt, was aber nicht bedeutet, daß seitdem niemand vor Neuwerk ertrunken ist. Doch heute überführt man Verunglückte auf das Festland.

Neuwerk erreichen

Mit dem Wattwagen ab Duhnen oder Sahlenburg (ca. 1 Std. 15 Min. ab Duhnen bzw. ca. 50 Min. ab Sahlenburg). **Zu Fuß** ab Sahlenburg (ca. 3 Std., nur mit Führer!). **Mit dem Fährschiff** (Abfahrt Innenkante Alte Liebe, Fahrtzeit ca. 1,5 Std.), Reederei Cassen Eils, Tel. 04721/32211, Fax 04721/31161. Falls man die Hinfahrt per Fähre, die Rückfahrt aber mit dem **Wattwagen** unternehmen will, empfiehlt sich eine Reservierung bei einem der Neuwerker Wattwagenunternehmen:

- Klaus Fischer (04721/29161); Uwe Fischer (04721/28770); Claus Fock (04721/29043); Volker Griebel (04721/29076).

- Informationen zu Neuwerk erteilt die Kurverwaltung Cuxhaven, Tel. 04721/4040; Quartiervermittlung über die Touristik GmbH in Duhnen, Tel. 04721/43040.

Scharhörn – Insel auf Abruf

Als Schiffsfriedhof ist das Sandriff nordwestlich Neuwerks seit dem 13. Jahrhundert berüchtigt. Erst im 20. Jahrhundert entdeckte man es auch als Vogelparadies und stellte es **1939** unter Naturschutz. Ausgerechnet hier plante Hamburg in den 60er und 70er Jahren den Bau eines Tiefwasserhafens nebst Schlickdeponie. Jahrelang drohte das Projekt Realität zu werden, bis man es schließlich endgültig zu den Akten legte. Stattdessen entstand **1990** hier der dritte deutsche Wattenmeer-Nationalpark mit einer Fläche von rund zwölf Quadratkilometern Watt um Neuwerk und Scharhörn.

Zwar gibt es auf Scharhörn eine auf Stelzen gebaute Hütte, die jedoch nur im Sommer von einem **Vogelwart** des »Jordsand«-Vereins genutzt wird. Scharhörn ist also eine der letzten unbefestigten und unbewohnten Inseln an der deutschen Nordseeküste. Die Idylle ist

➤ Säbelschnäbler mit Küken

➤ Die Inseln Scharhörn und Nigehörn aus der Luft

allerdings befristet: Bis zu zehn Meter legt die Insel jährlich durch Sandumlagerungen Richtung Südost zurück. Dieses Tempo reicht leider nicht aus. Denn die **Sandbank**, die den Untergrund Scharhörns bildet, »rast« mit 14 Metern per anno über den Meeresgrund – der Insel zieht es die Füße weg. Sie liegt bereits am nordöstlichen Rand der Sandbank und ist Brandung und Strömung der nähergerückten Elbrinne ausgesetzt.

Da aus Naturschutzgründen eine **Befestigung** nicht sinnvoll erscheint und technisch auch nur schwer realisierbar wäre, ist das Schicksal Scharhörns besiegelt. Bis zum völligen Untergang der Insel wird es allerdings noch dauern.

Von Neuwerk aus ist Scharhörn ein Ziel für **Wattwanderungen** (nur geführt!), die an bestimmten Tagen auch in Verbindung mit der Fährschiffpassage Cuxhaven-Neuwerk-Cuxhaven gebucht werden können (Informationen unter Tel. 04721/32211 od. 35082, Reederei Cassen Eils). Das **Betreten** der Insel selbst ist **verboten**, jedoch empfängt der Vogelwart Besucher am Ufer und erzählt gern etwas über seine Arbeit im Naturschutzgebiet.

Nigehörn – Insel von Menschenhand

Seeschwalben, Möwen und viele weitere **Vogelarten** brüten auf Scharhörn. Um den drohenden Verlust der alten Nistplätze auszugleichen, entschloß man sich zur Anlage einer Ersatzinsel – ein einmaliges Projekt an der deutschen Nordseeküste.

Man entschied sich für eine hochgelegene, strömungsarme Stelle im Watt südlich von Scharhörn. Im Juni 1989 begannen die **Aufspülarbeiten**. Innerhalb von fünf Wochen pumpte ein Saugbagger 1,2 Millionen Kubikmeter Sand aus einem Seitenpriel des Elbe-Neuwerk-Fahrwassers durch eine 2,5 Kilometer lange Rohrleitung auf den Ort der Wahl. Auf den Sandhaufen setzte man Sandfangzäune aus trockenem Buschwerk, im Kreis um das neue Ufer herum und in drei gebogenen Streifen über die Mitte hinweg, um die natürliche **Dünenbildung** zu beschleunigen. Das kreisrunde »Nigehörn« hat einen Durchmesser von ca. 450 Metern und ist längst kein bloßer Sandhaufen mehr. Die Bepflanzung mit Raps, Rettich, Gräsern, Strandhafer und anderen Gewächsen verlief erfolgreich.

Einige schwere **Sturmfluten** überstand die Neuschöpfung bereits unbeschadet. Und die Vögel, deren Wohlbefinden letztlich Zweck des Experiments ist, spielten auch mit: Die ersten Brutpaare kamen unmittelbar nach Abschluß der Aufspülarbeiten.

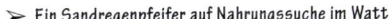

➤ Ein Sandregenpfeifer auf Nahrungssuche im Watt

Helgoland – Fels in der Brandung

Deutschlands einzige Hochseeinsel liegt 60 Kilometer nordwestlich Cuxhavens und ist für die »Cuxland«-Besucher ein beliebtes **Tagesausflugsziel**. Bereits die Annäherung an das 50 m hoch aus dem Meer ragende und im Sonnenlicht rötlich schimmernde Felsmassiv ist spektakulär: Da die Anlegemöglichkeiten nur beschränkt sind und während der Saison bis zu sieben **Seebäderschiffe** täglich die Insel anlaufen, verlassen die Passagiere ihr Schiff bereits auf hoher See.
Die **Börteboote**, robuste, offene Motorboote, verkörpern ein Stück Helgoländer Tradition. Das Börteboot bezieht Position längsseits des großen Seebäderschiffs, und der Inselbesuch beginnt mit einem je nach Seegang entsprechend mehr oder minder verzagten Hüpfer, sicher gestützt von den Armen kerniger Helgoländer Seebären.
Neuerdings bietet die Anreise per **Katamaran** eine Alternative – die Hochgeschwindigkeitsflitzer benötigen für die Strecke Cuxhaven-Helgoland nur 75 Minuten und legen direkt an der Landungsbrücke an.

Kleine Inselgeschichte

Noch vor weniger als 300 Jahren bildeten Düne und Felsen eine Einheit. Das einst sehr viel größere Helgoland hatte im Verlauf der Jahrhunderte durch die Kraft der

➤ Eine Helgoländer Tradition: die Börteboote

> Die Westküste im Abendlicht

Naturgewalten einen beträchtlichen Teil seiner Fläche bereits verloren. In der Silvesternacht 1720/21 zerstörte eine Sturmflut die schmal gewordene Inseltaille zwischen **Fels und Düne** endgültig, aus einer Insel wurden deren zwei. Daran allerdings waren die Insulaner nicht ganz unschuldig: Die passionierten Kaufleute hatten die überwiegend aus **Muschelkalk** bestehende Landbrücke jahrelang ausgebeutet, indem sie den Kalk als Baumaterial exportierten.

Auch politischen »Sturmtiefs« waren die Helgoländer immer wieder folgenreich ausgesetzt. Die Landeszugehörigkeit wechselte von Schleswig-Gottorp zu Dänemark, weiter zu England und schließlich zu Deutschland. Eine **europäische Krise** sorgte allerdings für eine besonderes Helgoländer Konjunkturhoch: Nachdem Napoleon 1806

für britische Erzeugnisse aller Art die **Kontinentalsperre** erhoben hatte, erschien am 5. September 1807 eine englische Flotte vor Helgoland und zwang den dänischen Kommandanten zur Übergabe der Insel.

In den folgenden Jahren wurde der Felsen zum Hauptumschlagplatz für englische Waren. Von diesem »Klein-London« aus unternahmen die Insulaner, von Haus ebenso talentierte Seefahrer wie Kaufleute, ihre zahlreichen **Schmuggelfahrten** zum Festland – vor allem nach Cuxhaven. Weder zuvor noch irgendwann später, so berichtet man sehnsüchtig bis heute auf der Insel, sei es den Helgoländern wirtschaftlich so gut gegangen wie in jener goldenen »Franzosentid«.

Auch nach Napoleons Niederlage blieb Helgoland englisch. Ein neuer Wirtschaftszweig begann zu flo-

115

rieren: Bald nach Eröffnung des Cuxhavener Seebades warben ab 1826 auch die Helgoländer mit den gesundheitsfördernden Aspekten eines Inselurlaubs. Poetische Unterstützung leistete **Heinrich Hoffmann von Fallersleben** (1798–1874). Er dichtete im politischen Exil auf Helgoland 1841 nicht nur das »Deutschlandlied«, das später mit der Melodie von **Joseph Haydn** zur deutschen Nationalhymne wurde, sondern auch die lockenden Zeilen:

Freunde, geht ins Seebad!
Jedes Leid und Weh
lindert und beschwichtigt,
scheucht und heilt die See.

Teil des **Deutschen Reiches** wurde Helgoland erst am 10. August 1890. Die Freude darüber war im Reich durchaus nicht ungeteilt. Es gab viele Kritiker, die den Tausch wertvoller deutscher Hoheitsrechte in Ostafrika gegen einen obskuren Steinhaufen in der Nordsee als groben Unfug einschätzten. Den Helgoländern selbst lag vor allem daran, in Frieden ihren Geschäften nachgehen zu können. Die Frage der Landesherrschaft hatte da nicht unbedingt Priorität.

Die großen Krisen des 20. Jahrhunderts trafen die Insel dagegen hart. Mit Beginn des **Ersten Weltkrieges** mußten die Bewohner ihre Heimat verlassen, 4000 Soldaten hatten sofort nach Übernahme durch das Reich damit begonnen, eine Festung aus Helgoland zu machen. Immerhin konnten die Insulaner nach dem Krieg ihre Häuser wieder in Besitz nehmen – leider nur vorübergehend.

Ab 1935 wurde die Insel erneut militärisch ausgebaut. Am **18.4. 1945** bombardierten 1000 Flugzeuge Helgoland. Wieder wurden die Bewohner auf das Festland evakuiert, und diesmal verwehrte man ihnen die Rückkehr auch zu Friedenszeiten. Die Sieger des Zweiten Weltkrieges beschlossen die Sprengung aller militärischen Befestigungsanlagen auf der Insel. Da die Bunkersysteme bis weit ins Felsinnere reichten, kam diese Maßnahme einer endgültigen Zerstörung Helglolands gleich. Am 18. April 1947 detonierten 6700 Tonnen Sprengstoff in den Kasematten, doch trotz großer Schäden hielt die Insel stand.

Bis in die 50er Jahre nutzten britische Militärflugzeuge den längst zum Politikum gewordenen Felsen als Übungsziel für Bombenabwürfe. Die Diskussion der Helgolandfrage avancierte zum Thema für die Weltpresse, nachdem im Dezember 1950 die für Zivilpersonen gesperrte Insel in einer Nacht-und-Nebel-Aktion von Aktivisten besetzt worden war. Schließlich wurde Helgoland 1952 an Deutschland zurückgegeben und verwaltungsmäßig nach Schleswig-Holstein, Landkreis Pinneberg, eingegliedert. Die etwa 1800 Insulaner kehrten zurück, der Wiederaufbau konnte beginnen.

➢ Klippenrandweg um das »Oberland«

➢ Blick über den Hafen, in der Bildmitte die restaurierten Hummerbuden

Erlebnisreiches Helgoland

Auf der Felseninsel Helgoland wird zwischen »Unter-« und »Oberland« unterschieden, die komfortablerweise durch einen Fahrstuhl miteinander verbunden sind. Wer die Gebühr dafür sparen will und Gesundheitsbewußtsein über Bequemlichkeit stellt, kann natürlich auch zu Fuß gehen. Gesund ist der Aufenthalt auf der Insel allemal. Es ist der staub- und pollenärmste Ort Deutschlands, ein Paradies für Allergiker – selbst auf der Zugspitze mißt man eine zehnfach höhere Staubpartikelkonzentration. Insbesondere für die Tagesbesucher hat allerdings eine ganz andere Attraktion besonders hohen Stellenwert: Helgoland ist **Zollfreigebiet** und gehört nicht zum Bereich der Europäischen Gemeinschaft. Alko-

hol, Tabak, Parfum und viele andere Artikel sind hier teilweise deutlich günstiger zu haben als auf dem Festland, weil die Insel von der Mehrwertsteuer ausgenommen ist und »nur« eine Gemeindesteuer erhebt. Die **Zollbestimmungen** bezüglich der genehmigten Ausfuhrmengen lassen sich in den Läden oder bereits auf dem Schiff während der Anreise erfragen.
Wer den Einkaufsbummel und den Spaziergang entlang der zerklüfteten Ränder des Felsens hinter sich hat, findet sowohl auf dem Ober-, als auch auf dem Unterland zahlreiche Möglichkeiten zur Einkehr. Der »Helgoländer Hummer«, einst eine Spezialität der Insel, muß inzwischen jedoch importiert werden. Nur selten gelangt noch ein Einheimischer auf den Tisch, der

dann - untrügliches Kennzeichen für Insider - mit einer speziellen Plombe versehen wird.

Wer Hummer lieber lebendig als auf dem Teller bewundern will, sollte das 1998 nach fünfjähriger Umbauzeit neu eröffnete **Aquarium der Biologischen Anstalt** besuchen. In 19 Becken tummeln sich Fische, Schalentiere und Pflanzen aus dem Lebensraum Nordsee. Spektakulärer Blickfang ist das von allen Seiten einsehbare Arenabecken - die Ansicht erspart glatt einen Nordsee-Tauchgang.

Baden ist auf Helgoland ein besonderes Erlebnis. Man hat schließlich nicht nur einen Badestrand, sondern gleich eine ganze Badeinsel zur Verfügung - die 0,7 qkm große **Düne** mit Freizeiteinrichtungen, einem kleinen Hafen un einem Flugplatz. Wer noch mehr sehen will, als sich dem Auge unmittelbar erschließt, kann **naturkundliche Führungen** nutzen, die auf der Düne, im Felswatt oder am Naturschutzgebiet Lummenfelsen durchgeführt werden.

Und wenn nach einem ereignisreichen Tag auf Helgoland das Börteboot wieder längsseits des Seebäderschiffes liegt, fällt der Hüpfer zurück an Bord schon sehr viel routinierter aus.

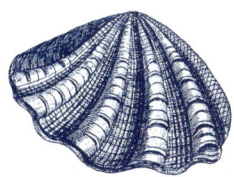

Informationen:

- Helgoland Touristik GmbH, Lung Wai 28 (im Rathaus), 27498 Helgoland, Tel. 04725/ 8137-11, -12, -13, Fax 813725. E-mail: info@helgoland.de, zimmervermittlung@helgoland.de, Internet: www.helgoland.de (auch mit den aktuellen Wetterdaten).
- Biologische Anstalt Helgoland, Tel. 04725/8190. Das Aquarium ist geöffnet Mo.-Fr. 10–17 Uhr, Sa./So. 10–16 Uhr.
- Campingplatz auf der Düne, Tel. 04725/7695.
- Fährschiffe Cuxhaven–Helgoland, Reederei Cassen Eils, Bei der Alten Liebe 12, 27472 Cuxhaven, Tel. 04721/35082, Fax 31161. E-mail: info@helgolandreisen.de, Internet: www.helgolandreisen.de.
- Katamaranfähren Cuxhaven–Helgoland, Förde Reederei Seetouristik, Infos und Buchung unter Tel. 0180/3202025.
- Flugverbindung Cuxhaven–Helgoland mit Helgoland-Airlines, regelmäßiger Flugverkehr vom Flugplatz Nordholz-Spieka, Tel. 04221/92600 (Zentralbuchung).
- Segelhafen, 329 Gastbootliegeplätze im Südhafen, 100 Liegeplätze im Vorhafen, Kontakt: WSA Helgoland (Südhafen), Tel. 04725/504.
- Vogelwarte Helgoland, Führungen in der Zeit von März bis Oktober Di. und Fr. 16.30 Uhr, Tel. 04725/306.

Ausflüge
ins
Elbe-Weser-Dreieck

➤ Netze und Reusen an der Weser auf der Höhe von Bremerhaven

Bremerhaven*

Die Stadt liegt an der Wesermündung, 65 km nördlich von Bremen, und zählt 130.000 Einwohner. Wie der Name andeutet, entstand sie als »bremischer Seehafen«, nachdem zu Beginn des 19. Jahrhunderts die **Versandung** der Weser die Schiffahrt nach Bremen nahezu unmöglich gemacht hatte und der Freihafen im oldenburgischen Brake zu einem bedrohlichen Konkurrenten geworden war. In dieser Notlage kam dem Bremer Bürgermeister **Johann Smidt** die rettende Idee, an der Geestemündung einen neuen Hafen zu bauen.

Das kühne Unternehmen erregte in ganz Deutschland Aufsehen. Nach nur dreijähriger Bauzeit wurde 1830 der »Alte Hafen« in Betrieb genommen und erlebte in den folgenden Jahrzehnten einen raschen Aufschwung. Er war nicht nur Handels-, sondern auch **Passagier- bzw. Auswandererhafen**: Insgesamt sieben Millionen Menschen verließen über die bremischen Häfen den alten Kontinent, die Hafen- und Schleusenanlagen mußten stetig erweitert werden. Heute steht Bremerhaven in Konkurrenz zu Rotterdam und Hamburg – noch ist nicht entschieden, wem es gelingen wird, sich als führender europäischer Umschlagplatz zu etablieren. **Containerschiffe** können Bremerhaven unabhängig von der Tide anlaufen, außerdem ist die Anfahrt vom offenen Meer bedeutend kürzer als etwa nach Hamburg.

Bremerhaven ist keine touristische Schönheit. Moderne Zweckbauten bestimmen weite Teile der Stadt, Seemannsromantik kommt nur im Alten Hafen auf. Dort befindet sich auch das **Deutsche Schifffahrtsmuseum**, in dem anhand von Originalschiffen, Modellen und Bildern die Geschichte der Schiffahrt von der Urzeit bis zur Gegenwart erläutert wird.

Das Highlight der Sammlung ist die restaurierte **Bremer Hansekogge** von 1380, die aus dem Weserschlamm geborgen wurde. Die Planken wurden mit Tausenden von Nägeln, sogenannten »Spikern«,

* Autorin des Bremerhaven-Abschnitts ist Izabella Gawin, die diesen Text erstmals in dem aktuellen Reiseführer »Bremen. Stadt - Land - Fluss« veröffentlicht hat (Edition Temmen, ISBN 3-86108-483-X). Sehr viel ausführlichere Informationen zur Geschichte Bremerhavens und seiner Umgebung enthält das illustrierte Reisehandbuch »Bremerhaven« (Edition Temmen, ISBN 3-86108-464-3). Auf 170 Seiten führt die Autorin Sigrid Kiedel durch die Stadt am Meer, ihre Häfen und das Umland. Das nachfolgende Kapitel zu Bederkesa folgt dem Text ihres Reiseführers.

➤ Im »Alten Hafen« von Bremerhaven

LINE HIN

zusammengehalten, Kalfaterpech machte sie wasserdicht. In den Sommermonaten kann man die im Hafenbecken vertäute **Museumsflotte** inspizieren, darunter das erste deutsche Polarforschungsschiff »Grönland«, das U-Boot »Wilhelm Bauer«, der Walfangdampfer »Rau IX« und die Bark »Seute Deern«.

Nur ein paar Schritte entfernt, neben dem Radarturm, führt die moderne Multimedia-Ausstellung **»Aufbruch in die Fremde«** in die Erlebniswelt all jener Auswanderer ein, die ihre hoffnungslose wirtschaftliche Lage zur Emigration zwang.

Von der **Seebäderkaje** vor der Strandhalle fahren im Sommer regelmäßig Schiffe nach Helgoland und zum 1886 errichteten **Leuchtturm Roter Sand**. Dieser gilt als das erste Off-Shore-Bauwerk der Welt – ringsum nur Wellen, Himmel und Möwengeschrei. Wer körperlich fit ist, Einsamkeit und spartanische Wohnverhältnisse nicht scheut, kann sich dort sogar einmieten.

Ein Abstecher führt uns in den **Fischereihafen**, einen der größten Seefischmärkte Europas. Wer sich für die Arbeitswelt im Fischereihafen interessiert, der muß an einem

➢ Oldtimer im Museumshafen

Auf den Spuren der Auswanderer

von Diethelm Knauf

Historische Spuren der Auswanderung lassen sich in Bremerhaven naturgemäß vor allem entlang der Weser finden. Bei einem Spaziergang auf dem Deich kann man die folgenden Abstecher machen:

- An der Geestemündung liegt linksseitig das **Historische Museum Bremerhaven / Morgenstern-Museum**. In der Flußmündung wurden 1780 die hessischen und württembergischen Soldaten zu den auf Reede liegenden Ozeanseglern eingeschifft, um auf der anderen Atlantikseite gegen die amerikanischen Unabhängigkeitskämpfer zu Felde zu ziehen.

- Auf der anderen Geesteseite dicht beim Richtfunkturm (von dessen Spitze man übrigens einen hervorragenden Rundumblick hat) wird in einer alten Lagerhalle die Multimedia-Ausstellung »**Aufbruch in die Fremde**« gezeigt. Sie vermittelt dem Besucher ein wenig von dem Gefühl, wie es gewesen sein muß, im letzten Jahrhundert auszuwandern. Außerdem befand sich hier die Anlegestelle der Weserkähne, mit denen die Auswanderer bis ins letzte Drittel des 19. Jahrhunderts von Bremen weiter nach Bremerhaven transportiert wurden.

- Stadteinwärts liegt der rote Backsteinbau der **Hochschule Bremerhaven**. Hier sind Gebäudereste des Auswandererhauses von 1849 eingearbeitet, die man noch gut erkennen kann.

- Vor dem Schiffahrtsmuseum befindet sich das Hafenbecken des **Alten Hafens** mit der Bark Seute Deern, einem alten Lastensegler der Jahrhundertwende.

- Etwas weserabwärts gegenüber dem Bremerhavener Zoo liegt der **Neue Hafen**. Von hier brachen die Schiffe bis etwa 1890 nach Amerika auf. Am Kopfende steht noch eine alte Gepäckhalle des Norddeutschen Lloyd. Hinter dem Zoo an der Südkaje des neuen Vorhafens ereignete sich 1875 eine der größten Katastrophen der Kriminalgeschichte: die Thomas-Katastrophe. Der amerikanische Voyeur und Hochstapler William King Thomas wollte für einen

125

Versicherungsbetrug den Lloyd-Dampfer Mosel auf hoher See in die Luft sprengen. Die Kiste mit dem Dynamit explodierte jedoch schon beim Verladen. Über 70 Menschen kamen ums Leben.

- Weiter weserabwärts kommt das von den Deutsch-Amerikanern gestiftete **Auswandererdenkmal** in Sicht. Hinter dem Deich in der Inselstr. 6 liegt das Büro des Fördervereins Deutsches Auswanderermuseum, der sich seit vielen Jahren für die Einrichtung eines Auswanderermuseums in Bremerhaven einsetzt. Hier gibt es u.a. ein umfangreiches Bild- und Dokumentenarchiv und eine genealogische Auskunftstelle. Stadteinwärts hinter den Gebäuden liegt der Kaiserhafen I, erbaut 1872–1876.

- Vom Deichrücken blickt man direkt in die 1897 erbaute **Große Kaiserschleuse**. Im Vorhafen wurde die Passagierabfertigung der Lloyd-Schnelldampfer durchgeführt. Direkt an der Weser lag die ebenfalls 1897 erbaute Neue Lloyd-Wartehalle.

- Geht man über die schmalen Schleusenbrückchen, kommt man nach wenigen Minuten zur **Columbuskaje** mit dem »Bahnhof am Meer«, der 1927 gebaut wurde. Heute noch erhalten ist die Fahrgastanlage II, die 1963 eingeweiht wurde. Im Sommer legen von hier Kreuzfahrtschiffe ab.

- Nun kann man weiter weserabwärts um das Reparaturdock der Lloyd-Werft herumgehen. Vom **Container-Aussichtsturm** sieht man weithin die Anlagen des neuen Container-Terminals.

- Nach ca. 10 Minuten erreicht man zwei flache schuppenähnliche Gebäude. Diese waren früher Sozialstationen für die Arbeiter der Lloyd-Werft. Heute befinden sich darin zwei urige **Restaurants**, in denen vor allem Fisch serviert wird. Der »Treffpunkt Kaiserhafen« hat den originellen Beinamen **»Die letzte Kneipe vor New York«**, eine letzte Reminiszenz an die Zeiten, als Bremerhaven allgemeinhin ein »Vorort von New York« genannt wurde.

➤ »Die letzte Kneipe vor New York«

Werktag in aller Herrgottsfrühe aufstehen. Allen anderen sei ein Besuch des »**Schaufensters Fischereihafen**« empfohlen: In die sanier-
te Packhalle IV sind Fischgeschäfte, Restaurants und Läden einge-
zogen, aus der ehemaligen Versand-
halle des alten Fischbahnhofs wurde das Informations- und Veranstaltungszentrum »Forum Fischbahnhof«, das mit einem breitge-
fächerten Kulturprogramm aufwar-
tet.

Informationen:

- **Bremerhaven Touristik**, Van-
  Ronzelen-Str. 2, 27568 Bremerhaven, Tel. 0471/9464610, Fax
  46065, Service-Tel. 0471/414141
  (automatische Ansage). Internet:
  www.seestadt-bremerhaven.de
- **Deutsches Schiffahrtsmuseum**,
  Hans-Scharoun-Platz 1, Tel.
  0471/482070. April bis Sept.
  tägl. 10–18 Uhr, Nov. bis März
  Mo. geschlossen; Führungen
  nach Anmeldung.
- **Historisches Museum Bremer-
  haven/Morgenstern-Museum**,
  An der Geeste, Tel. 0471/20138.
  Geöffnet Di.-So. 10–18 Uhr.
- **Multimedia-Ausstellung »Aufbruch in die Fremde«**, An der
  Deichpromenade, im Sommer
  tgl. 10–18 Uhr.
- **»Schaufenster Fischereihafen«**
  (Forum Fischbahnhof u. Pack-
  halle IV), Tel. 0471/932330.

Bad Bederkesa

Das **Moorheilbad** Bederkesa war
und ist das Sonntagsausflugsziel
der Cuxhavener. Der vielseitige Fe-
rienort war schon 1896 in einer
knapp einstündigen Fahrt per
Dampf- und später Diesellok erreichbar, und heute fährt auf dieser 17,4 km langen Strecke eine
Museumseisenbahn. Als Folge der
Kreisreform ist Bederkesa Sitz der
gleichnamigen Samtgemeinde, zu
der acht Mitgliedsgemeinden gehören.
Seit wenigen Jahren darf sich der
Ort »Bad Bederkesa« nennen, da
die heilende Wirkung des humin-
säurereichen heimischen Moores
offizielle Anerkennung fand. Im
Kurmittelhaus werden medizini-
sche Bäder, Massagen, Moorbäder
und -packungen verabreicht. Da-
neben ist Bad Bederkesa wegen
seiner landschaftlichen Lage sehr
beliebt: Der Geesthöhenrücken auf
der einen und der Bederkesaer See
mit dem Elbe-Geeste-Kanal auf der
anderen Seite bestimmen das ab-
wechslungsreiche Ortsbild.
Mittelpunkt Bederkesas ist die
Burg, die zwischen 1975 und 1983
wiederaufgebaut wurde. Heute ist
sie Sitz der Archäologischen Denk-
malpflege des Landkreises Cuxhaven und beherbergt ein sehenswertes Museum. Die Geschichte der
Burg und des Ortes läßt sich in
fünf Phasen einteilen. Im 12. Jahrhundert errichteten die Ritter von
Bederkesa, eines der bedeutendsten
Adelsgeschlechter im nördlichen
Elbe-Weser-Dreieck, ihre Burg. Der

Zerfall der Herrschaft wurde durch Kriege, Hungersnöte und die Pest beschleunigt, die Ritter verkamen zu Raubrittern und starben schließlich im 15. Jahrhundert aus.

Den Streit um die Nachfolge entschieden die Bremer für sich, die von 1381–1654 die zweite Phase der Burg bestimmten. Ein Relikt aus bremischer Zeit ist das Rolandstandbild im Burghof. 1654 eroberte der schwedische Generalgouverneur von Stade, Feldmarschall Hans Christoph von Königsmarck, die Burg und äscherte dabei den Ort fast vollständig ein. Der Zweite Nordische Krieg (1700–1721) beendete die schwedische Herrschaft im Herzogtum Bremen-Verden. Nun begann die hannoversch-preußische Zeit, in der die Burg Verwaltungssitz der Amtsmänner des Amtes Bederkesa wurde – bis zu dessen Auflösung im Jahre 1859. Die Burg wurde nun an private und gewerbliche Nutzer vermietet und schließlich 1881 versteigert.

Für die nächsten 90 Jahre diente sie als Gastwirtschaft und Hotel, als Turnhalle, Kino und Jugendheim, aber auch als Kaserne, Besatzungs- und Flüchtlingsunterkunft. Der letzte Privateigentümer plante die Umgestaltung in ein Appartment-Hochhaus. Ein Sturm der öffentlichen Entrüstung bewirkte, daß das Gebäude vom Landkreis aufgekauft wurde. Engagierte Bürger gründeten 1975 den Förderverein »Burggesellschaft Bederkesa«, und der **Wiederaufbau** der Burg begann noch im selben Jahr mit Bohrungen und Ausgrabungsarbei-

ten. Die Grabungsbefunde lieferten die Grundlage für das Sanierungskonzept, wobei man sich bei der Restaurierung weitestgehend an den Stil des 16./17. Jahrhunderts angelehnt hat. 1981 konnte die Burg eingeweiht werden, ein Jahr später öffnete das Museum seine Pforten.

Heute ist die **Burg** wieder von einem Burggraben umgeben, in dem sich eine vielfältige Flora und Fauna entwickelt hat. Wenn man das Burggelände durch das neue Tor betritt, läuft man über Teilstücke eines 500 Jahre alten Kopfsteinpflasters. Auf dem Innenhof steht nach langer Ausquartierung wieder der alte, jetzt aber nach historischen Befunden farbig gefaßte Roland. Die Burgwirtschaft »Alte Wache« ist in einem ehemaligen Wirtschaftsgebäude von 1738/39 untergebracht. Das **Museum** präsentiert eine archäologisch-historische Ausstellung, die einen Überblick über die Vor- und Frühgeschichte des Landkreises Cuxhaven vermittelt. Den Wechselbeziehungen zwischen Landschaftscharakter und Siedlungsgeschichte im küstennahen Elbe-Weser-Dreieck wird dabei besondere Aufmerksamkeit geschenkt. Herzstück der ständigen Ausstellung ist der Saal im Obergeschoß des Mittelflügels.

Kurverwaltung und **Tourist-Information** findet man im ehemaligen Staatlichen Forstamt gegenüber der Burg. Die restaurierte Amtsscheune dient als Leseraum und Ausstellungsfläche. Durch den Kurpark mit dem Kurmittelhaus

➢ Ansicht der Burg Bederkesa von Südwesten

gelangt man zum **Kanal**, einem Teilstück des Elbe-Geeste-Wasserweges von Otterndorf nach Bremerhaven. Der Kanalhafen ist ein begehrter Liegeplatz für Motorboote. Durch eine Schleuse ist er mit dem angrenzenden, ca. 230 ha großen **Bederkesaer See** verbunden. Dieser See liegt 60 cm unter NN und ist nur wenige Dezimeter tief. Er wurde nach dem Zweiten Weltkrieg eingedeicht und muß von Zeit zu Zeit saniert werden, um ihn vor der vollständigen Verlandung zu bewahren.

Ein **Rundweg** führt durch den Holzurburger Wald über den Deich um den See herum. Die Seeufer sind geschützt und bieten seltenen Pflanzen- und Vogelarten eine Heimat. Hinweistafeln geben am Beginn des Rundweges dazu Erläuterungen. Im **Holzurburger**

Forst gibt es eine alte Befestigungsanlage, die vor etwa 800 Jahren angelegt wurde, sowie das hübsche Forsthaus von 1850 zu entdecken. Das wildreiche Waldstück bietet außerdem zahlreiche Wanderwege, einen Trimm-Pfad sowie einen Gedenkstein für den Hauptmann **Heinrich Böse** (1783–1867), einem steinreichen Bremer Zuckerfabrikanten, der sich eine Privatarmee zur Befreiung von der französischen Herrschaft leistete, in Bederkesa ausgedehnte Ländereien aufkaufte und 1826 den »Bösehof« errichten ließ. Böse focht für die Rechte der Bederkesaer Bauern und wurde von ihnen im Revolutionsjahr 1848 als Abgeordneter nach Hannover geschickt. Dort setzte Böse den Bau des Hadelner Kanals durch.

129

Sein Hof, auf dem eine Zeitlang Hoffmann von Fallersleben zu Gast war – was die Bederkesaer veranlaßte, darüber zu spekulieren, ob das Deutschlandlied nicht doch hier entstanden ist –, wurde in den siebziger Jahren des vorigen Jahrhunderts zu einer Gaststätte umgebaut, die seitdem beliebtes Ausflugsziel ist. Mittlerweile wurde das 150 Jahre alte **»Waldschlößchen«** renoviert und durch ein Gästehaus zum Hotel erweitert. Auf dem »Berg« von Bad Bederkesa gelegen, bietet es einen guten Ausblick auf Ort, See und Landschaft. Noch schöner ist der Rundblick vom **Mühlenberg** und der darauf errichteten reetgedeckten Erdholländer-Mühle, die im 19. Jahrhundert erbaut und in den letzten Jahren renoviert worden ist. Sie ist Nachfolgerin einer schon auf alten Stadtansichten Bederkesas festgehaltenen Bockwindmühle aus dem 16. Jahrhundert. In einem traditionellen Backofen hinter der Mühle wird im Sommer für Einheimische und Gäste der typische Butterkuchen gebacken.

Auf einem Streifzug durch Bad Bederkesa fallen die vielen idyllischen Heckenwege auf, die zwischen den Häusern und Gärten zu winzigen Grünanlagen führen und den ganzen Hang durchziehen. Das Niedersächsische **Internatsgymnasium**, in dem heute Internats-Schüler, vorwiegend von den Nordseeinseln, und externe Schüler unterrichtet werden, ist 1876 als preußisches Schullehrerseminar gegründet worden. Die neugotische

St. Jacobi-Kirche wurde vom Erbauer der Bremerhavener Bürgermeister-Smidt-Gedächtniskirche und des Alten Leuchtturms, Simon Loschen, errichtet. Eisenbahnfans zieht es zum alten **Bahnhof** von Bad Bederkesa, den der Verein »Museumsbahn Bremerhaven-Bederkesa e.V.« liebevoll restauriert hat. Im Bahnhofsgebäude fühlt man sich in die 50er Jahre zurückversetzt, ob nun durch den altmodischen Fahrkartenschalter, die Bahnhofsuhr, die Personenwaage, auf der man sein Gewicht prüfen kann, oder die originalgetreu erhaltene Gaststätte.

Nur ein paar Schritte vom Bahnhof entfernt, informiert die stän-

➤ *Segler auf dem Bederkesaer See*

dige Ausstellung des **Handwerks-museums** über den Wandel traditioneller Handwerksberufe unter den Bedingungen des Industriezeitalters. So sind u.a. ein Friseursalon aus der Jahrhundertwende, eine alte Schuhmacher-Werkstatt und eine Druckmaschine aus den 60er Jahren zu sehen.

Für die umliegenden Dörfer ist Bad Bederkesa der Hauptort mit zahlreichen Geschäften, einem Schulzentrum, diversen Ämtern, einem Hallen- und Freibad und weiteren Sportanlagen. Große Anziehungskraft besitzt der **Beerster Markt**, der alljährlich im Spätsommer stattfindet. »Beerst« ist übrigens die unter Einheimischen gebräuchli-

che Kurzform für Bederkesa. In der Samtgemeinde finden sich weitere Sehenswürdigkeiten, darunter die in den letzten Jahren mit Hilfe des Mühlenfonds der »Männer vom Morgenstern« aufwendig renovierte Wassermühle von Hainmühlen und der Galeriehölländer in Lintig. Zwischen Bad Bederkesa und **Flögeln** liegt der 1,6 km lange Vorgeschichtspfad mit Großsteingräbern aus der Jungsteinzeit und bronzezeitlichen Grabhügeln. Ein etwa 3800 Jahre altes Steinkistengrab nordwestlich des Pfades ist seit 1958 geschütztes Kulturdenkmal. Alle Gräber dokumentieren die über 5000 Jahre Besiedlungsgeschichte des Elbe-Weser-Dreiecks. Das Dorf Flögeln mit hübscher Kirche liegt am zweiten großen See der Fünf-Seen-Platte, dem ebenfalls als Naherholungsgebiet genutzten **Flögelner See**. Unter Naturschutz stehen dagegen die sich anschließenden 1,9 qkm großen Moorseen, der Dahlemer und Halemer See mit ihrer einzigartigen Fauna und Flora.

Informationen:

‣ Kur- und Freizeit GmbH, Amtsstr. 8, 27624 Bad Bederkesa, Tel. 04745/94330, Fax 943322. Internet: www.bad-bederkesa.de

‣ Burg Bederkesa – Kreismuseum für Archäologie und Kulturgeschichte, Amtsstr. 17, Tel. 04745/9439-0, Okt. bis April Di.-So. 10–17 Uhr, Mai bis Sept. Di.-So. 10–18 Uhr.

Reiseinformationen von A–Z

Auskunft

Auskünfte zu Fragen rund um den Urlaub in Cuxhaven erhalten Sie bei der Kurverwaltung. Sie informiert außerdem über **Kurmittel**, die Kurmöglichkeiten sowie das aktuelle **Veranstaltungsangebot**. Unter Tel. 04721/404142 können Sie das aktuelle **Gastgeberverzeichnis** anfordern. Buchungen nehmen die Zimmervermittlungen der jeweiligen Kurteile entgegen.

Nordseeheilbad Cuxhaven GmbH, Cuxhavener Str. 92, 27476 Cuxhaven, Tel. 04721/4040, Fax 49080

Touristik GmbH Altenbruch, Alter Weg 18, 27478 Cuxhaven, Tel. 04722/341, Fax 912111

Touristik GmbH Altenwalde, Hauptstr. 75, 27478 Cuxhaven, Tel. 04723/2444, Fax 2719

Touristik-Verein Berensch-Arensch e.V., Berenscher Dorfstr. 33, 27476 Cuxhaven, Tel./Fax 04723/1441

Touristik GmbH Döse, Heinrich-Grube-Weg 2, 27476 Cuxhaven, Tel. 04721/47081, Fax 47024, E-mail: touristic_doese@t-online.de

Touristik GmbH Duhnen, Cuxhavener Str. 92, 27476 Cuxhaven, Tel. 04721/43040, Fax 430444, E-mail: info@duhnen.de, Internet: www.duhnen.de

Touristik GmbH Centrum und Grimmershörn, Lichtenbergplatz, 27472 Cuxhaven, Tel. 04721/36046, Fax 52564

Verkehrsverein Holte-Spangen e.V., Im Dorf 3, 27476 Cuxhaven, Tel. 04721/29090, Fax 28591, E-mail: info@cux-holte-spangen.de, Internet: www. cux- holte-spangen.de

Verkehrsverein Lüdingworth, Lächlerstr. 26, 27478 Cuhaven, Tel. 04724/361, Fax 457

Verkehrsverein Oxstedt, Am Weddel 12, 27478 Cuxhaven, Tel. 04723/4455

Touristik GmbH Sahlenburg, Nordheimstr. 35, 27476 Cuxhaven, Tel. 04721/28028, Fax 29230, E-mail: touristic@sahlenburg.de, Internet: www.nordseeurlaub.de/sahlenburg

Touristik GmbH Stickenbüttel, Windeichenweg, 27476 Cuxhaven, Tel./Fax 04721/25111

Archive

Stadtarchiv Cuxhaven, Altenwalder Chaussee 2, 27474 Cuxhaven, Tel. 04721/63337

Stiftung Traditionsarchiv Unterseeboote, Altenbrucher Bahnhofstr. 57, 27478 Cuxhaven, Tel. 04722/322, geöffnet vom 1. April bis 30. September, Besichtigung nur nach Vereinbarung

Ärztlicher Bereitschaftsdienst

Die Feuerwache informiert unter Tel. 04721/23125 über den medizinischen Notdienst.

Baden

»ahoi!«-Erlebnisbad, Wehrbergsweg 32, Tel. 04721/420230. Die aktuellen Öffnungszeiten findet man im Veranstaltungskalender »Cux-Tips«.

Bojenbad Altenbruch, geöffnet vom 1. Juni bis 31. August, Tel. 04722/940078. Badezeiten: jeweils eine Stunde vor und nach Hochwasser

Bojenbad Grimmershörn, geöffnet vom 1. Juni–31. August, Tel. 04721/

446436 (Schwimmeister). Badezeiten: jeweils eine Stunde vor und nach Hochwasser

Freibad Oxstedt, Am Möhlendiek, Tel. 04723/713377. Das Süßwasserfreibad ist bei kühler Witterung geschlossen.

Freibad Steinmarne, Neptunweg, Tel. 04721/446446. Ein beheiztes Meerwasserbad in unmittelbarer Strandnähe auf dem Deich von Duhnen

Hallenbad Cuxhaven, Beethovenallee 11, Tel. 04721/73480. Die aktuellen Öffnungszeiten findet man im Veranstaltungskalender »Cux-Tips«.

Waldfreibad Sahlenburg, Wernerwaldstraße, Tel. 04721/446466. Beheiztes Süßwasserfreibad direkt im Wald

Bibliotheken

Die Stadtbibliothek und ihre Zweigstellen können von allen Kurgästen gegen eine Monatsgebühr von 5.– DM bzw. eine Jahresgebühr von 20.– DM genutzt werden. Die aktuellen Öffnungszeiten findet man im Veranstaltungskalender »Cux-Tips«.

Stadtbibliothek, Konrad-Adenauer-Allee 1, Tel. 04721/72060. Zweigstellen gibt es in:

Altenbruch, Alter Weg 18 (Villa Gehben), Tel. 04722/401

Altenwalde, Hauptstr. 73 (Gemeindehaus), Tel. 04723/2668

Döse, Stickenbütteler Weg 2, Tel. 04721/48775

Duhnen, Cuxhavener Str. 92 (Haus der Kurverwaltung), Tel. 04721/404147

Sahlenburg, An der Johanniskirche (Schule), Tel. 04721/29466

Buchhandlungen

Geuke, Nordersteinstr. 52, Tel. 04721/56050

Neubauer, Schillerstr. 33, Tel. 04721/38888

Oliva Buchhandlung, Kaemmererplatz 2, Tel. 04721/585300

Rauschenplat, Deichstr. 11, Tel. 04721/37137

Busverkehr

Alle Buslinien im Stadtcentrum und in den Kurteilen Altenbruch, Döse, Duhnen, Grimmershörn, Lüdingworth, Sahlenburg und Stickenbüttel bedient die KVG Cuxhaven, Auskunft Tel. 04721/79770.

Die Linien in den Kurteilen Altenwalde, Berensch-Arensch, Holte-Spangen und Oxstedt betreibt die Firma Maass-Busreisen, Auskunft Tel. 04721/7270.

Camping

Das Nordseeheilbad Cuxhaven unterhält 13 Campingplätze mit zahlreichen Stellplätzen für Feriencamper in den Kurteilen Duhnen, Stickenbüttel, Sahlenburg und Altenbruch. Nähere Informationen findet man im aktuellen Gastgeberverzeichnis.

Fahrradverleih

Altenbruch: Autohaus Nübel, Über der Braake 6, Tel. 04722/494

Döse: Lord Nelson Shop, Nordfeldstr. 22, Tel. 04721/49625

Duhnen: Gerken, Rugenbargsweg 12, Tel. 04721/49591

Grimmershörn: Fahrrad Paulsen, Schillerstr. 47, Tel. 04721/36266

Sahlenburg: Camping Finck, Am Sahlenburger Strand, Tel. 04721/29152

Hamann, Nordheimstr. 20, Tel. 04721/29020

Winterberg, Drosselweg 3b, Tel. 04721/28350

Stickenbüttel: Witte, Dorfstr. 84, Tel. 04721/26184

Fundbüro

Ordnungsamt, Deichstr. 13a, 27472 Cuxhaven, Tel. 04721/700509

Galerien

Galerie Artica, Westerwischweg 46 a, Tel. 04721/23425

Kunsthandlung Höhne, Deichstr. 38, Tel. 04721/31481

Lutz Jahnkes atelier arte, Kleine Hardewiek 12, Tel. 04721/ 51925

Kunstverein, Große Hardewiek 35, Tel. 04721/31559

Künstlerhaus, Schloßgarten, Tel. 04721/26706

Studio Melos, Strichweg 71, Tel. 04721/38374

Golf

In Oxstedt gibt es eine 18-Loch-Anlage, die ganzjährig bespielbar ist: Küsten-Golfclub »Hohe Klint e.V.«, Hohe Klint, 27478 Cuxhaven, Tel. 04723/2737

Hafenrundfahrten

Zwischen März und Oktober werden Hafenrundfahrten mit einer kleinen Barkasse angeboten. Die Fahrt geht durch den Alten und Neuen Fischereihafen, am Steubenhöft entlang zum Amerikahafen und von dort zum RoRo-Terminal. Abfahrten ab »Alte Liebe« und Fährhafen. Information: Barkassenbetriebe Hafentouristik, Holger Carstensen, Tel. 04723/3292

Helgolandfahrten

In den Sommermonaten fahren die Seebäderschiffe täglich ab Fährhafen Cuxhaven. Information: Reederei Cassen Eils, Bei der Alten Liebe 12, 27472 Cuxhaven, Tel. 04721/35082, Fax 31161.
E-mail: info@helgolandreisen.de
Internet: www.helgolandreisen.de

Katamaranfähren Cuxhaven–Helgoland, Förde Reederei Seetouristik, Infos und Buchung unter Tel. 0180/3202025

Flugverbindung Cuxhaven–Helgoland mit Helgoland-Airlines, regelmäßiger Flugverkehr vom Flugplatz Nordholz-Spieka, Tel. 04221/92600 (Zentralbuchung).

Hotels/Pensionen

In Cuxhaven gibt es derzeit neben den hier angeführten Hotels und Pensionen weit über 1000 Privatpensionen und Anbieter von Ferienwohnungen. Die Aufzählung aller Adressen würde den Rahmen eines Reiseführers übersteigen. Bei der Kurverwaltung Cuxhaven kann ein jährlich aktualisiertes Gastgeberverzeichnis angefordert werden. Es enthält neben den Adressen der Anbieter detaillierte Informationen über Zimmerkomfort und Preise. Falls Sie schon genau wissen, wo die Ferien verbracht werden sollen, können Sie sich wegen der Quartiervermittlung direkt an die Touristik GmbH oder den Verkehrsverein des entsprechenden Ortsteils wenden.

Akzent-Hotel Neptun, Nordstr. 11, 27476 Cuxhaven, Tel. 04721/4290, Fax 403333

Badhotel Sternhagen, Cuxhavener Str. 86, 27476 Cuxhaven, Tel. 04721/4340, Fax 434444

Hotel Deichvogt, Strichweg 4, 27472 Cuxhaven, Tel. 04721/55650, Fax 556545

Deichgraf-Kur-Hotel, Nordfeldstr. 16-20, 27476 Cuxhaven, Tel. 04721/4050, Fax 405614

Donner's Hotel, Am Seedeich 2, 27472 Cuxhaven, Tel. 04721/5090, Fax 509134

Duhner Landhaus, Sahlenburger Weg 2, 27476 Cuxhaven, Tel. 04721/4203-0, Fax 420355

Golf-Seehotel Kamp, Duhner Strandstr. 5, 27476 Cuxhaven, Tel. 04721/4030, Fax 403333

Haus Seeschwalbe, Cuxhavener Str. 89, 27476 Cuxhaven, Tel. 04721/420100, Fax 420144

Haus Thorwarth, Am Grooten Steen 10, 27476 Cuxhaven, Tel. 04721/484 95, Fax 45345

Hotel Am Königshof, Hauptstr. 76, 27478 Cuxhaven, Tel. 04723/3042, Fax 3043

Hotel am Meer, Cuxhavener Str. 103, 27476 Cuxhaven, Tel. 04721/48317

Hotel Astrid garni, Hinter der Kirche 26, 27476 Cuxhaven, Tel./Fax 04721/40970

Hotel Birkenhof, Nordheimstr. 57, 27476 Cuxhaven, Tel. 04721/28011, Fax 69172

Hotel Deutsches Haus, Altenbrucher Bahnhofstr. 2, 27478 Cuxhaven, Tel. 04722/311, Fax 314

Hotel Erholung, Cuxhavener Str. 102, 27476 Cuxhaven, Tel. 04721/43110, Fax 431143

Hotel Frauenpreiss, Wernerwaldstr. 41, 27476 Cuxhaven, Tel. 04721/290 82/83, Fax69299

Hotel Henning, Steinmarner Trift 8, 27476 Cuxhaven, Tel. 04721/484 44, Fax 46999

Hotel Hus »Kiek in de See«, Döser Seedeich 2, 27472 Cuxhaven, Tel. 04721/34102

Hotel Iltjen, Am Sahlenburger Strand 3, 27476 Cuxhaven, Tel. 04721/20310, Fax 203119

Hotel Ingrid Lerche, Wilh.-Heidsiek-Str. 19, 27472 Cuxhaven, Tel. 04721/37597

Hotel Meeresfriede, Wehrbergsweg 11, 27476 Cuxhaven, Tel. 04721/46011, Fax 49866

Hotel Meeresruh, Cuxhavener Str. 79, 27476 Cuxhaven, Tel. 04721/48480

Hotel Münchner Löwenbräu, Poststr. 105, 27474 Cuxhaven, Tel. 04721/37554, Fax 33149

Hotel Neue Liebe, Prinzessinnentrift 12-14, 27476 Cuxhaven, Tel. 04721/47011, Fax 45455

Hotel Schifferbörse, Neue Reihe 24, 27472 Cuxhaven, Tel. 04721/35772

Hotel Seehütte, Wehrbergsweg 34, 27476 Cuxhaven, Tel. 04721/47034, Fax 400876

Hotel Seelust, Cuxhavener Str. 65-67, 27476 Cuxhaven, Tel. 04721/4020, Fax 402555

Hotel Stadt Cuxhaven, Alter Deichweg 11, 27472 Cuxhaven, Tel. 04721/5820, Fax 582200

Hotel Strandperle, Duhner Strandstr. 15, 27476 Cuxhaven, Tel. 04721/40060, Fax 400696

Hotel und Pension Beckröge, Dohrmannstr. 9, 27472 Cuxhaven, Tel. 04721/56910, Fax 34663

Hotel Villa Caldera, Döser Seedeich 4, 27472 Cuxhaven, Tel. 04721/35044

Hotel Wattenkieker, Am Sahlenburger Strand 27, 27476 Cuxhaven, Tel. 04721/2000, Fax 200200

Hotel Wehrburg, Wehrbergsweg 53, 27476 Cuxhaven, Tel. 04721/40080, Fax 400876

Hotel Zum Finkenmoor, Nordheimstr. 170, 27476 Cuxhaven, Tel. 04721/29026

Hotel Zum Neptun, Bei der Kirche 6a, 27476 Cuxhaven, Tel. 04721/48306, Fax 49606

Hotel Zum Surgund, Nordheimstr. 116, 27476 Cuxhaven, Tel. 04721/28112, Fax 69164

Hotel-Appartement Seeschlößchen, Duhner Strandstr. 21, 27476 Cuxhaven, Tel. 04721/40060, Fax 400696

Hotel-Pension Kammann, Wehrbergsweg 26a, 27476 Cuxhaven, Tel. 04721/48472, Fax 47236

Hotel-Pension Landhaus Döse, Hinter der Kirche 74, 27476 Cuxhaven, Tel. 04721/47198, Fax 48422

Hotel-Pension Paetow, Heidhöhn 15-17, 27476 Cuxhaven, Tel. 04721/29231

Kiek-in-Hotel Pension Pflug, Steinmarner Str. 43-45 u. 54, 27476 Cuxhaven, Tel. 04721/47678, Fax 47485

Kur-Strand-Hotel Duhnen, Duhner Strandstr. 7, 27476 Cuxhaven, Tel. 04721/4030, Fax 403333

Pension Appelt, Windeichenweg 26, 27476 Cuxhaven, Tel. 04721/22626

Pension Berenscher Hof, Berenscher Dorfstr. 15, 27476 Cuxhaven, Tel. 04723/71600, Fax 716030

Pension Deichkrone, Emmastr. 25, 27476 Cuxhaven, Tel. 04721/49391

Pension Finck, Am Sahlenburger Strand, 27476 Cuxhaven, Tel. 04721/29152, Fax 29360

Pension Glückskäfer am Kurpark, Strandstr. 37, 27476 Cuxhaven, Tel. 04721/47038

Pension Haase, Rugenbargsweg 25, 27476 Cuxhaven, Tel. 04721/36673

Pension Hartig, Georg-Wolgast-Weg 8, 27476 Cuxhaven, Tel. 04721/48818

Pension Haus Kasten, Strandstr. 19, 27476 Cuxhaven, Tel. 04721/48428

Pension Hilger, Steinmarner Trift 26, 27476 Cuxhaven, Tel. 04721/48577

Pension Kupferkessel, Nordheimstr. 182, 27476 Cuxhaven, Tel. 04721/29115

Seepavillon Donner, Bei der Alten Liebe 5, 27472 Cuxhaven, Tel. 04721/5660, Fax 566131

Strandpension Sanssouci, Hinter der Kirche 51, 27476 Cuxhaven, Tel. 04721/48595

Internet-Adressen

Informationen über das Nordseeheilbad und die Stadt Cuxhaven findet man unter www.cuxhaven.de, der offiziellen Homepage der Stadt Cuxhaven, sowie unter www.cux-online.de, den Urlaubsinformationen und aktuellen Nachrichten aus der Redaktion der »Cuxhavener Nachrichten«. Die Kurteile Döse, Duhnen und Sahlenburg verfügen über eigene Homepages, wo über Unterkünfte, Angebote und Aktuelles informiert wird. Wetterdaten finden sich unter www.nordseewetter.de.

Jugendherberge

Jugendherberge Cuxhaven-Duhnen, Schleusenweg 2, 27476 Cuxhaven, Tel. 04721/48552, Fax 45794. E-mail: jhcuxhaven@djh-nordmark.de. In der Wintersaison bitte nur nach Voranmeldung anreisen (277 Betten).

Kinderbetreuung

Kostenpflichtige Kinderbetreuung in »Die Schatzinsel«, Wehrbergsweg 30b (neben dem »ahoi!«-Erlebnisbad), Tel. 04721/46269

Kinos

Bali-Kino-Center, Holstenstr. 5, Tel. 04721/37459

Gloria-Film-Palast, Deichstr. 20, Tel. 04721/35011

Strandkino Duhnen, Strandstraße (an der Schwimmeisterstation), geöffnet zwischen Ostern und Ende August

Krankenhaus

Städtisches Krankenhaus, Altenwalder Chaussee 10-12, 27474 Cuxhaven, Tel. 04721/780

Kurzentrum

Kurzentrum Duhnen, Wehrbergsweg 32 (im Haus des »ahoi!«-Erlebnisbades), 27476 Cuxhaven, Tel. 04721/42020

Minigolf

Minigolfplätze gibt es in Döse (Nordfeldstraße), Duhnen (Cuxhavener Straße) und Stickenbüttel (Sahlenburger Chaussee, beim Friedhof).

Museen

Feuerschiff »Elbe 1«, Zollkaje, An der Klappbrücke, Tel. 04721/34121, geöffnet vom 1. April bis 31. Oktober, Di.-Sa. 13–17, So. 10–17 Uhr

Fort Kukelbake, Strandstr. 80, 27476 Cuxhaven, Tel. 04721/408188, Führungen ganzjährig nach Voranmeldung

Schiffsmuseum Duhnen, Wehrbergsweg 7, Tel. 04721/48158, geöffnet 1. März bis 30. Oktober tägl. 10–13 und 15–18 Uhr, Führungen nach Vereinbarung

Schloß Ritzebüttel, zwischen Südersteinstraße und Vorwerk, Tel. 04721/721812, ganzjährig geöffnet Di.-Do. 10–12 und 15–17 Uhr, Fr. 15–17 Uhr, Sa./So. 10–12 Uhr

Stadtmuseum, Südersteinstr. 38, Tel. 04721/62822, ganzjährig geöffnet von Mo.-Fr. 9–13 und Di.-Fr. 15–18 Uhr, Sa. 10–13 Uhr

Wrackmuseum, Dorfstr. 80, 27476 Cuxhaven, Tel. 04721/23341, geöffnet Ende März bis Ende Okt. sowie während der Weihnachtsferien: Di.-Fr. 9–13 und 15–18 Uhr, Sa./So./Feiertage 10–13 und 15–18 Uhr, Mo. geschlossen

Nationalpark-Zentrum

Nationalpark-Zentrum Wattenmeer, Hans-Claußen-Str. 19 (Strandhochhaus in Sahlenburg), Tel. 04721/28681. April bis Okt.: Mo.-Do. 10–17, Fr. 10–18 Uhr, Sa./So./ Feiertage 14–18 Uhr. Nov. bis März: Mo.-Do. 10–16 Uhr, Fr. 10–13 Uhr, So. 14–17 Uhr, Sa. geschlossen

Neuwerkfahrten

Neuwerk ist von April bis Oktober täglich mit einem Schiff zu erreichen. Am interessantesten ist die Kombination von einer Wattwanderung zur Insel und einer Schiffsfahrt zurück. Auskunft und Voranmeldung: Reederei Cassen Eils, Tel. 04721/32211, Fax 31161.

Falls man die Hinfahrt per Fähre, die Rückfahrt aber mit dem Wattwagen unternehmen will, empfiehlt sich eine Reservierung bei einem der Neuwerker Wattwagenunternehmen: Klaus Fischer 04721/29161, Uwe Fischer 04721/28770, Claus Fock 04721/29043, Volker Griebel 04721/29076

Polizei

Werner-Kammann-Str. 8, 27472 Cuxhaven, Tel. 04721/37081

Post

Hauptpostamt, Rhodestr. 2, 27472 Cuxhaven, Tel. 04721/608-0

Rathaus

Grüner Weg 42, 27472 Cuxhaven, Tel. 04721/120

Reiten

Ausritte ins Watt mit Führer, Auskunft unter Tel. 04721/29618

Reithallen

Altenbruch: Hadeler Reitclub e.V., Heerstr. 26a, Tel. 04722/2322

Holte-Spangen: Reit- und Fahrverein, Nordende, Tel. 04721/29109

Sahlenburg: Ritzebütteler Reitclub, Lerchenweg, Tel. 04721/29334

Seefischmarkt

Führung durch den Seefischmarkt, Treffpunkt Halle X um 6.45 Uhr, veranstaltet vom 15. Mai bis 30. September am Di./Mi./Do., im Juli und August zusätzlich montags

Fischauktion Halle XI, Niedersachsenstraße, Beginn: 7 Uhr (ganzjährig), Vorabinformation unter Tel. 04721/601166. Hinweise finden sich auch in den »Cuxhavener Nachrichten«

Segeln

Altenbrucher Seesportverein e.V., Auskünfte: Vereinslokal »Zur Schleuse«, Am Deich 1, 27478 Cuxhaven, Tel. 04722/449

Segler-Vereinigung Cuxhaven e.V., Auskünfte: Tel. 04721/34111 (Hafenmeister im Sommer) oder 04721/22280 (Geschäftsstelle)

Sportschifferschule Cuxhaven, Wehrbergsweg 30b, 27476 Cuxhaven, Tel. 04721/46269

»Trans Ocean«, Verein zur Förderung des Hochseesegelns e.V., Postfach 728, 27476 Cuxhaven, Tel. 04721/51800

Taxi

Nordsee-Taxen, Tel. 04721/36000 oder 37000 oder 38000

Veranstaltungen

Kugelbake-Halle, Strandstr. 80, Tel. 04721/4080;Veranstaltungsansage: 04721/408189. Kartenvorverkauf: Mo.-Do. 10–12 und 14–16 Uhr, Fr 10–12 Uhr, Tel. 04721/408188

Kulturinformation, Südersteinstr. 38, 27472 Cuxhaven,Tel. 04721/62213. Geöffnet von Mo.-Fr. 9–13 und Di.-Fr. 15–18 Uhr, Sa. 10–13 Uhr

Wattführungen

Über Wattführungen und Wattwanderzeiten informieren die Verkehrsvereine der Kurteile bzw. die Nordseeheilbad Cuxhaven GmbH, Cuxhavener Str. 92, Tel. 04721/4040. Gruppenführungen: Horst Grimm, Hermann-Boßdorf-Str. 5, Tel. 04721/36305

Wetter

siehe »Internet-Adressen«

Zimmervermittlung

siehe »Auskunft«

➤ Die Kugelbake, das Wahrzeichen von Cuxhaven, im Abendlicht   139

Orts- und Sachregister